古代歷史文化研究輯刊

二四編

王明蓀 主編

第 3 冊

唐代學官研究（上）

董坤玉 著

國家圖書館出版品預行編目資料

唐代學官研究（上）／董坤玉 著 -- 初版 -- 新北市：花木蘭
文化事業有限公司，2020〔民 109〕
目 4+148 面；19×26 公分
（古代歷史文化研究輯刊 二四編；第 3 冊）
ISBN 978-986-518-253-3（精裝）
1. 教育史 2. 官學 3. 唐代
618   109011110

ISBN-978-986-518-253-3

古代歷史文化研究輯刊
二四編 第三冊   ISBN：978-986-518-253-3

唐代學官研究（上）

作　　者　董坤玉
主　　編　王明蓀
總 編 輯　杜潔祥
副總編輯　楊嘉樂
編　　輯　許郁翎、張雅淋　美術編輯　陳逸婷
出　　版　花木蘭文化事業有限公司
發 行 人　高小娟
聯絡地址　235 新北市中和區中安街七二號十三樓
　　　　　電話：02-2923-1455 ／傳真：02-2923-1452
網　　址　http://www.huamulan.tw 信箱 hml810518@gmail.com
印　　刷　普羅文化出版廣告事業
初　　版　2020 年 9 月
全書字數　253161 字
定　　價　二四編 21 冊（精裝）台幣 62,000 元

唐代學官研究（上）

董坤玉　著

作者簡介

董坤玉，女，1979 年 2 月出生，河北滄州人。2001 起先後在河北師範大學、北京師範大學獲得歷史學碩士、博士學位。現為北京市文物研究所研究館員，主要從事考古與中國古代史研究。先後在《考古》、《文物》、《CHINESE ARCHAEOLOGY（中國考古學）》等刊物發表過學術論文，已出版過《昌平清代園寢》等著作多部。

提　　要

　　學官制度作為官僚制度和教育制度的交叉點，是制度史與教育史的重要內容。唐代科舉興盛，文化繁榮，而官學教育卻大部分時間不盡人意。對於學官制度的研究，有利於深入瞭解唐代科舉、學校，以及儒學在唐代的發展狀況，並且有助於對教育制度、唐代官制的發展有深入認識。研究內容主要集中在以下幾個方面：

　　第一，突破原有認識，對中國古代教育史的發展階段進行了重新劃分，以教育自身的成長狀況為背景，將其分為孕育、成長、獨立三個發展階段。自西漢至隋唐是教育與政治緊密結合，並逐漸走向成熟的時期，從隋唐時期開始，教育出現與政治相脫離的傾向，從此步入漫長的走向獨立的歷程。以此為背景，結合唐代儒學、科舉的發展狀況，通過對 272 位學官的整理考證，以表格統計的方法，對學官群體進行了探討。並就國子監特殊的學官——大成的性質、設置及沿革，進行了詳細的考證。

　　第二，初步分析了唐代官學教育衰落的原因，在肯定儒學自身的發展狀況、科舉制度與官學教育的不協調，是直接作用因素外，認為唐代統治者秉承少數民族血統，具有的開放浪漫氣質，是官學衰落的一個重要背景。並突破典章制度的規定對唐代國子監的管理權限進行了系統地探討。

　　第三，考察了學官的貢獻、作用，以及社會地位的轉變。通過對《新唐書・藝文志》中學官著述的統計，充分反映出學官在文化方面的貢獻。並著重從社會教化、政治兩方面對學官的作用進行了考察，發現學官在唐代武則天、韋皇后時期憑藉特殊的社會身份，在政治變革中發揮了特殊的作用。本文還試圖探究影響學官政治作用發揮的不利因素，認識到學官的歷史地位、經濟地位、以及學校距離皇帝辦事機構的遠近都影響著學官政治作用的發揮。從為人崇重到世人恥為學官，顯然唐代學官的社會地位發生了一落千丈的變化，本文從直接因素與相關因素兩個方面對此進行了深入分析。

　　第四，探討了唐代學官選用標準的變化以及學官的遷轉途徑。學官選用格外強調德才，但有唐一代，學官選用標準發生了不小的變化，不僅「才」從注重經學浸變為以文辭為重，而且對「德」的要求有所降低。中國歷代都著重強調學官的「德」，原因何在？本文對此進行了淺顯分析，認為除了學官的特殊身份之外，儒家的文治理念也有一定影響。通過列表統計，歸納出中央學官遷轉的規律性，學官在入出國子監前後，主要有兩條出路，一是留任京官，多在文化禮儀部門內流動，另一部分是任地方官。學官內部的遷轉表現出很強的獨立性，主要有兩條途徑：一是助教——博士；另一途徑為先館內，後館間順次升遷。這種獨立性也是唐代教育走向獨立的一個明證。

　　第五，通過數據統計總結了唐代學官的地域分布情況。學官主要分布在東西、南北相交的兩個地帶，這與唐代人對於人才分布的認識基本吻合。另外，本文分類探討了以下幾個問題：舊士族在唐代的發展情況、宗室學官問題、學官世家問題，僧侶學官問題、軍事家族的文武轉變問題，以及各個階層與科舉的關係等等，這些都展現了唐代學官群體的特徵。

目

次

緒　論

一、研究現狀

　　學官研究是政治史與教育史研究的重要內容。隨著史學界各個研究課題的逐步深入與研究領域的廣泛拓展，作為研究課題起步較早與倍受研究者關注的隋唐史，其經濟史、政治制度史以及社會生活史等各個領域的研究均達到了非常高的水平。唐代學官研究相對於其他文官制度研究，稍顯滯後。長期以來，處於政治制度史與教育史研究的盲點區。近年來，隨著唐代教育制度和科舉制度研究的深入，這種局面有所改觀。這兩個研究領域的拓展也為唐代學官制度的深入研究提供了前提。

　　在當前豐碩的研究成果中，唐代官學更多的引起了學者們的注意。其中尤其以臺灣學者高明士、嚴耕望等為代表，他們都曾經對官學的制度以及管理進行過一系列的相關研究。在這些研究成果中，與學官相關的研究是與官制史、教育史的內容雜糅在一起的，因此研究概述只能以通史與斷代史研究分類進行。由於研究時段較長，成果眾多，可能存在掛一漏萬，簡擇不當之弊，特別是臺港和日本學界的成果，由於筆者能力所限，可能頗有遺珠之嫌。

　　首先，通史研究。自近代以來，通史著作層出不窮，本書只選取其中涉及學校與教育內容比較專業的教育通史類著作進行概述。上世紀初黃紹箕、柳詒徵撰成的《中國教育史》是第一部由中國人撰述的中國教育史。在這部僅僅涉及先秦時代的教育史著作中，作者將教育制度、教育家、教育思想穿插在一起進行敘述，由於作者將著眼點集中在教育家與教育思想上，因此在介紹教育制度時對中國古代學校的管理制度進行了比較籠統的概括，而未對

學校內部的運作進行深入研究。二三十年代，中國教育史研究進入了一個輝煌時期，(《中國教育史》陳青之，《中國學校制度》周予同 1931，蔡芹香的《中國學制史》1933，) 這一時期教育制度的研究，在拓展研究的範圍、思路和強調研究的實證性方面，都為後代的研究者提供了不少優秀的範例。但同時，大多數的研究，要麼將精力主要投放於近代教育，要麼依然侷限於對正史、類書、學校志等資料的歸納，影響了研究的深入。此後直到文革結束前這一段時期，由於多種原因中國教育史、特別是中國教育制度史方面的研究都非常少。「文革」結束後，相繼出版了一批作為教材的教育史論著。八十年代中期以來，中國教育史研究進入繁榮時期。鑒於唐代文化的繁榮，多數教育制度史都對唐代的官學教育制度研究傾注了較多的筆墨，但是研究的重點多僅僅侷限於學校體制的完備與唐代的教育方針上，對學官雖然有所涉及，但多流於泛泛，停滯在祭酒、博士等高級學官的一般職責方面。《中國歷代教育制度》(顧樹森：江蘇教育出版社 1981 年) 是建國後第一部系統地研究中國歷代教育制度的產生和發展的專著，其中第四編論及了魏晉南北朝的教育制度，研究的重點兼及了這一時期的選舉制度。此後又有很多學者對於中國教育制度及學校管理制度進行了系統研究。例如毛禮銳的《中國教育史》、《中國教育通史》；孫培清《中國教育史》、《中國教育管理史》；以及李國鈞主編的《中國教育制度通史》等等。這些論著不乏可以借鑒之處，但是這些著作對官學的研究與涉獵只是粗線條的，對於學官更無深入的研究。其中，毛禮銳先生在《中國教育史》中有關科舉和學校的關係也有待商榷。學校與科舉的關係歷來是中國教育史的研究課題，二者的輕重在唐代發生了重大變化，其消長關係在唐代表現得極為顯著，詳細探討其間的演變歷程頗有意義。以往唐史學界對此問題很少涉及，而教育史的研究又不夠深入。劉海峰先生在《唐代教育與選舉制度綜論》中對二者的關係曾有過深入探討，他指出「科舉興而學校衰」是一些論者對於學校與科舉之間關係的普遍看法，其實，學校並未廢去，只是重要性下降並且逐漸淪為科舉的預備機關或者附庸而已。他指出科舉對於學校影響是複雜而多方面的，未可一概而論，而消長變化的原因，則與整個社會經濟變化與科舉本身的發展有關。劉先生的一系列見解可謂真知灼見，此外他還對唐代學校衰落的外部原因尤其科舉制度的發展進行了重點分析。

其二：斷代研究與專題研究。

　　唐代教育體制複雜而完備，對此，教育學界已經有不少論述，尤其對中
央直系學校國子監七學談的更多。代表作如高明士的《唐代東亞教育圈的形
成》；宋大川的《唐代教育體制研究》、《中國教育制度通史》第二卷《魏晉南
北朝　隋唐》等等。高明士先生在對中國古代學校教育各階段劃分的基礎上，
重點分析了不同階段的特質。並且將官學教育列入重點，首次提出唐代廟學
制度的三種特質即：儒學教育、養士教育和成聖教育，並進一步指出，這些
特質出現於漢代，定型於唐代，發展於宋元明清的論斷。從宏觀上使人對中
國古代官學教育的發展有了清晰的脈絡。但高先生對於廟學制度、釋奠禮儀
等的歷史演變、其變化在教育制度史上的意義等等問題，因篇幅所限沒有進
行深入研究，對於唐代學官群體也沒有太多涉及。宋先生的研究重點在唐代
的教育體制與政府的文教政策上，官學制度沒有列入重點，該書中對於學校
經費問題的探討、教學問題的論述顯示了作者獨到的見解，可以作為本書的
重要參考，但唐代的學官群體並不是本書研究的重點。任爽先生的高足韓鳳
山的博士論文《唐宋官學制度》是第一部對官學教育各構成要素進行系統研
究的專著，作者以較全面的筆觸對於教師、學生及官學經費進行了全面細緻
地探討，從官學的內部構成角度對學官的錄用方式進行了考察。作者對教師
的選擇、在職教師隊伍的建設更是以獨到的筆觸發前人之所未發。但總體看
來還不夠深入，尤其對於唐宋學官錄用方式、標準和俸祿制度的研究只是一
個大面的鋪陳。雖然名為唐宋官學制度，實以宋代為研究的側重點，對唐代
學官的情況大多一筆帶過，沒有從學官的組成人員、學官群體特徵以及學官
選任標準的特殊要求等方面進行研究。作者對於擬任學官的選用標準僅僅側
重於一般性的品德素質方面，沒有注意到唐代學官選用標準的變化，本書對
唐宋之際學官選用標準的變化趨勢以及這種變化對中國教育史的影響進行了
初步的探討。吳宗國先生的《唐代科舉制度研究》也對唐代的官學教育進行
了相關探討，吳先生的研究目標主要是唐代科舉制，全書十五章，只有一章
用很小的篇幅對唐後期學校、學生做概括性描述，雖然沒有涉及到學官，但
吳先生在許多具體問題上的真知灼見對於本書的研究有著很高的參考價值。

　　專題性研究有臺灣學者高明士先生的《隋唐教育法制與禮律的關係》（《唐
研究》第四卷 1998 年版，第 151 頁）、《唐代的釋奠禮制及其在教育上的意義》
（《大陸雜誌》61 卷，1980.5）和《隋唐廟學制度的成立與道統的關係》（《臺
灣大學學報》）1982 年 12 月第 9 期）對唐代中央到地方官學完成「廟學」的

學校體製作了研究，對我們研究唐代官學的禮儀、廟學等問題有重要的參考價值。韓鳳山《唐宋官學師德建設中的舉措》（《江西社會科學》（2002.1）一文，對唐宋官學教師師德建設中所採取的舉措進行了探討。

本書討論唐代學官群體的情況，受惠於以上各家成果之處頗多，但因關注對象的差異，容或與諸家之說有所不同，勢所難免。

二、學官研究範圍的界定

（一）唐代以前學官的含義與演變

學官這個詞自從出現以後，就有兩層含義，一是指學校校舍，並進一步引申為指代官方創辦的學校；另一層意思是指以儒經為教學內容的官辦學校的教師。隨著時代的發展，第一層含義基本沒有發生變化，而後一種含義隨著官辦學校的日益增多，學官的範圍也隨之而發生著變化，趨勢是日益擴大，但這種趨勢到唐代已經基本定型，後代相沿不變。從學官演變的歷史與文獻記載分析，學官作為教師的含義逐漸成為更為常見的用法。

第一層含義：「學官」即「學館」，特指學校的校舍。

「學官」這個詞在現有史料記載中最早是出現在漢景帝時期，《漢書》卷八十九《循吏‧文翁傳》：「文翁，廬江舒人也。少好學，通《春秋》，以郡縣吏察舉。景帝末，為蜀郡守，仁愛好教化。見蜀地辟陋有蠻夷風，文翁欲誘進之，乃選郡縣小吏開敏有材者張叔等十餘人親自飭屬，遣詣京師，受業博士，或學律令。減省少府用度，買刀布蜀物，齎計吏以遺博士。數歲，蜀生皆成就還歸，文翁以為右職，用次察舉，官有至郡守刺史者。又修起學官於成都市中」。〔註1〕此處「學官」顏師古解釋為「學之官舍。」即學校的校舍，是指郡國所設立的地方學校的校舍，在當時，修建學校屬於地方官員的個人行為，而非官方性質。其後，隨著文翁事件影響的擴大，各個地方行政機構都辦起了學校，學官包括了郡國、縣、道、邑、侯國、鄉、聚等各個行政級別的學校。而這些學校此時仍然不屬於官學體制，因此學官指代校舍的含義最早特指地方學校。

學官指代中央官學校舍是在漢武帝之後。漢武帝元朔時期，在丞相公孫弘奏請為博士置弟子員的建議被採納之後，中央官學還未曾有校舍，《漢書‧

〔註1〕（漢）班固撰、（唐）顏師古注《漢書》卷八十九《循吏傳》，第 3625～3626 頁，中華書局 1962 年 6 月第 1 版。

藝文志》「《曲臺后倉》九篇」注引晉灼曰：「天子射宮也。西京無太學，於此行禮焉。」〔註2〕西京沒有太學校舍，故而在曲臺行射禮。史籍中最早明確記載太學有校舍的時間是在漢宣帝時，《漢書·王褒傳》記載宣帝時，何武等「學長安，歌太學下，轉而上聞。宣帝召見武等觀之」，證明此時太學已經有了固定場所〔註3〕。此後，無論是地方還是中央，各種官辦學校的校舍均稱為學官。學官的這種含義一直到唐代依然被廣泛使用，《唐會要》卷七十七記載：「（開元）十四年八月六日太子賓客元行沖等撰《禮記義疏》五十卷成，奏上之。先是，右衛長史魏光乘上言。今禮記章句踳駁。故太師魏徵。更編次改注。堪立學傳授。上遂令行沖集學者撰義疏。將立學官。行沖於是引國子博士范行恭。四門助教施敬本。檢討刊削。」〔註4〕由於張說反對，於是玄宗賜予行沖等修撰者「絹二百匹，留其書貯於內府，竟不得立於學官。」〔註5〕此處的學官也是指官方學校，但是既包括中央也包括地方所有的官學。

　　隨著官學體制的完善，地方行政單位所創辦的學校逐步具有官學的性質。據說武帝時，已令天下郡國皆立學校官，但是史書中缺載〔註6〕。唐代進一步明確了地方行政單位建立地方官學的責任。直到漢元帝時，王莽攬政，仿傚《周禮》改革，建立地方學制「郡國曰學，縣、道、邑、侯國曰校。校、學置經師一人。鄉曰庠，聚曰序。庠、序置《孝經》師一人。」〔註7〕學官也就隨著地方學校的性質變動包括了地方官學。唐代「令天下州、縣、裏別置學。」〔註8〕學官指代地方官學這種含義此時被廣泛使用，《新唐書》卷一百《韋弘機》：「韋弘機，京兆萬年人。……顯慶中，為檀州刺史，以邊人陋僻，不知文儒貴，乃修學官，畫孔子、七十二子、漢晉名儒像，自為贊，敦勸生徒，緜是大化。」〔註9〕這裡修繕的學官是指檀州的州學校舍。

　　第二層含義：官方學校內教授儒家經學的教師。

　　雖然早在三代之時已經出現學校，且擁有較完備的學校體制，但主掌教

〔註2〕《漢書》卷三十《藝文志》，第1710頁。
〔註3〕《漢書》卷六十四下《王褒傳》，第2821頁。
〔註4〕《唐會要》卷七十七《論經義》，第1410頁。
〔註5〕《舊唐書》卷一百二《元行沖傳》，第3178頁。
〔註6〕見李國鈞等主編《中國教育制度通史·先秦　秦漢》第五章《漢代的地方官學和社會教化》，第385頁。山東教育出版社2000年7月第1版。
〔註7〕《漢書》卷十二《平帝紀》，第355頁。
〔註8〕《通鑒》卷二百一十四「玄宗開元二十六年正月」，第6832頁。
〔註9〕《新唐書》卷一百《韋弘機傳》，第3944頁。

學的官員卻並未有學官之稱謂。教師被稱為學官也應該始於西漢景帝時期，與指代校舍的含義同時出現。前引《漢書・文翁傳》的後半段資料中，除了前面所引用「學官」指校舍的例子之外，另外幾句「招下縣子弟以為學官弟子」、「常選學官僮子」、「益從學官諸生明經飭行者與俱」、「爭欲為學官弟子」中的「學官」均為教師之意，這裡的「學官」都是指文翁在蜀郡所設立的學校內的教師——即文學掾或文學史，簡稱「文學」。

與作為「校舍」含義的演變相似，學官作為教師的意思，也是首先從文翁辦學、地方經師成為學官開始，太學博士被稱為學官是隨著學校體制的發展才出現的。《史記》卷一百二十一《儒林傳》：「公孫弘為學官，悼道之鬱滯，乃請曰：『丞相御史言：制曰『蓋聞導民以禮，風之以樂。婚姻者，居室之大倫也。今禮廢樂崩，朕甚愍焉。故詳延天下方正博聞之士，咸登諸朝。其令禮官勸學，講議洽聞興禮，以為天下先。太常議，與博士弟子，崇鄉里之化，以廣賢材焉』。」〔註10〕公孫弘提出此奏請之時被稱為學官，而他此時實際擔任的官職是博士，時間在漢武帝時期，也就是說武帝時期博士已經被稱為學官。此處公孫弘是專門修習儒業的學官，那麼是否學官都是指儒家的學者呢？侯外廬、趙紀彬等著《中國思想通史》講漢代「儒林」是和百家對立的名詞，並且指出《史記・儒林列傳》是專為漢代的博士作的傳，〔註11〕。學官是指漢武帝獨尊儒術政策實行後的博士。「博士，秦官。博者，通於古今；〔士者〕辯於然否。」〔註12〕雖然博士一詞早在戰國時期已經出現〔註13〕，但博士被稱為學官是在漢武帝之後。隨著學校系統的漸趨完備，學官的適用範圍逐步擴大，除了太學之外，其他學校教授儒家經學的博士也被稱為學官。《北史》卷三三《李孝伯傳》：「（李）謐不飲酒，好音律，愛樂山水，高尚之情，長而

〔註10〕《史記》卷一百二十一《儒林傳》，第3119頁。

〔註11〕詳見侯外廬、趙紀彬等著《中國思想通史》第二卷《秦漢》，人民出版社1957年4月第1版第60頁。（第二章 漢初百家子學的餘緒及其庸俗化的傾向「史記儒林列傳表面上講漢代儒林博士，而實際上則已說出這一鬥爭（指儒術與黃老之術之間的鬥爭）。「儒林」之名起於漢初，《史記正義》引姚承說，「儒林，謂博士為儒雅之林，綜理古文，宣明舊藝」，這是和百家對立的名詞。」）

〔註12〕（清）孫星衍等輯、周天游點校《漢官六種》二卷《漢舊儀補遺二卷》，北京：中華書局1990年9月第1版，第89頁。

〔註13〕《戰國策》卷二十《鄭同北見趙王》，第712～713頁：「鄭同北見趙王。趙王曰：「子南方之傳士也。」此處「傳士」，「姚（宏）本『傳』，一作『博』。鮑（彪）本『傳』作『博』。○博士，辯博之士。補曰：秦官有博士。或戰國儒士有此稱。」也就是說專指儒士的博士一詞早在戰國時期就已經出現。

彌固，一遇其賞，悠爾忘歸，乃作《神士賦》。延昌四年卒，年三十二，遒邁悼惜之，其年，四門小學博士孔璠等學官四十五人上書曰……」〔註14〕，這裡四門小學的博士也包括在學官範圍之內。最初，漢代的博士品秩都相同，隨著學校教育體制的發展，學校內部的學官在品級上出現了高低之分。「（晉）惠帝元康元年，以人多猥雜，欲辨其涇渭，於是制立學官品，第五品以上得入國學。」

總之無論是地方學官還是中央的學官，其包含的範圍都是隨著官方設立學校的範圍而變化，基本趨勢都是在擴大。但唯一不變的是其內涵即劃分標準是以教授儒家經典著作為前提。

（二）唐代學官的範圍

以上所講學官的兩種含義一直到唐代仍在沿用，第一層含義變化不大，但隨著學校體系的逐漸壯大，學官作為教師的含義所指代範圍不斷擴大，到唐代出現了廣義與狹義之分。唐代學校系統已經相當完善，從上到下建立了一整套各種類型的官辦教育機構，學官的區分也更為複雜。從目前有關唐代教育史研究論著中的觀點看來，學術界普遍認為唐代官學從宏觀來講，除了中央的七學二館（七學指國子學、廣文館、太學、四門學、書學、算學、律學；二館指門下省的弘文館和東宮的崇文館）之外，還包括中央其他各部門所屬的學校，以及各種不同行政級別的地方學校。其中各部門的學校包括秘書省的小學、史館的崇玄學、太史曹、太僕寺、太卜署、太醫署、掖庭局等等各個政府機關下屬的負責培育學生的部門，地方學校則有府學、道學、州學、縣學等等，都屬於官學的範圍。這些學校都是官學毫無爭議，但是並非這些官學內的所有官員均可稱為學官。在唐代，學官是指國子監七學和地方以儒經為教授內容的官學中的教學與行政管理官員。

唐代學官有狹義廣義的區分。從狹義的角度來看，國子監內部的官員又進行了具體的區分，將主掌教學的博士、助教等等定為學官，把專管行政的官員國子祭酒、司業等定為監官。例如《通典》卷一百十七《皇帝皇太子視學》中規定：「前出宮三日，本司宣攝內外，各供其職。其日，應從駕文武官依時刻集朝堂，諸衛陳設仗衛。侍中版奏：『外辦。』皇帝乘馬，文武侍從，並如常行幸之儀。駕將至，祭酒帥監官、學官、學生等奉迎於路左。駕至大

〔註14〕《北史》卷三十三《李孝伯傳》，第1230頁。

次門外，降入如常。」〔註15〕宋代人王讜進一步提出：「（唐代）學舊六館：
有國子館，太學館，四門館，書館，律館，算館，國子監都領之。每館各有
博士、助教，謂之學官。國子監有祭酒、司業、丞、簿，謂之監官。太學諸
生三千員，新羅、日本諸國皆遣子入朝受業。天寶中，國學增置廣文館，在
國學西北隅，與安上門相對。廊宇粗建。會十三年，秋霖一百餘日，多有倒
塌，主司稍稍毀撤，將充他用，而廣文寄在國子館中。尋屬邊戈內擾，館宇
至今不立。」〔註16〕明確指出學官僅僅是指國子監七館主管教學的博士、助
教，而祭酒、司業、丞、主簿等主管行政的官員則稱為監官。

　　但是唐代一般情況下稱呼學官都是從廣義上來說的，除了中央官學主管
教學的官員外，國子監的行政官員即王讜所謂的監官——祭酒、司業等也屬
於學官，此外，地方府、州、縣學的博士、助教等等，也從屬於學官的範疇。
《通鑑》卷二百二十四「大曆元年八月條」記載「（大曆元年）秋，八月，國
子監成；丁亥，釋奠。」胡三省注解此條時，解釋釋奠禮的演變過程，講到
「唐春、秋釋奠，三獻皆以學官。」〔註17〕此處並未注明國子監從事三獻學
官的具體所指，但是《唐會要・釋奠》對此有詳明注解，貞觀二十一年（647
年）中書侍郎許敬宗等奏請，「今後國學釋奠，令國子祭酒為初獻，祝詞稱皇
帝謹遣。仍令司業為亞獻，國子博士為終獻。其諸州，刺史為初獻，上佐為
亞獻，博士為終獻。縣學，令為初獻，丞為亞獻，博士既無品秩，請主簿通
為終獻。若缺，並以次差攝。州縣釋奠，既請遣刺史縣令，親為獻主，望準
祭社給明衣，修附禮令，為永式。學令祭以太牢，樂用軒懸，六佾之舞，並
登歌一節。與大祭祀相遇，改用中丁。州縣常用上丁，無學，祭用少牢。〔註
18〕本條明確解釋了學官的指代對象，即中央釋奠禮以學官國子祭酒、司業、
博士為三獻官，將王讜狹義分類中的監官國子祭酒與司業也歸入學官的範
疇。另外，《唐會要》記載大曆五年（770 年）八月皇太子於國學行齒冑之禮
時，國子司業歸崇敬以國學及官名不正，並請改之。他在上疏中論述道「祭
酒之職。非學官所宜。按周禮師氏。掌以美詔王。敢請改祭酒為大師氏。位
正三品。」〔註19〕這段論述說明歸崇敬認為，作為學官不應該以祭酒為名，

〔註15〕《通典》卷一百十七《吉禮九》，第 2984 頁。
〔註16〕《唐語林校正》卷五第 668 條，第 459 頁。
〔註17〕《通鑑》卷二百二十四「代宗大曆元年八月」，第 7191 頁。
〔註18〕《唐會要》卷三十五《釋奠》，第 641 頁。
〔註19〕《唐會要》卷六十六《國子監》，第 1159 頁。

因為唐代祭酒名稱與職掌不符合周禮的規定，按照周禮規定現在祭酒的職掌應該由大師氏負責；這段話同時也反映出儘管歸崇敬認為國學的最高長官以祭酒命名不合適，在改名的要求被否決的情況下，祭酒作為國子監學官的身份卻是普遍的共識。此外，史籍中多次記載唐初皇帝親臨國學，聽大儒講經之後賞賜學官、學生的史實，例如開元七年「玄宗又令太子詣國子學行齒胄之禮，仍敕右散騎常侍褚無量升筵講論，學官及文武百官節級加賜。」〔註20〕既然文武百官都賞，此處受賞的學官就不應該只是博士、助教，而是包括國子監所有的教學與行政管理官員。

前引《唐會要・釋奠》對三獻官規定的同時，交待了地方官學釋奠禮中三獻的執行人員，即州學以刺史、上佐、博士；縣學以縣令、縣丞、主簿為三獻官。但是地方州縣學釋奠禮雖然規定刺史、縣令及僚佐為主祭人員，作為學官的州博士依然要充當終獻，而縣釋奠禮本該由縣博士充當終獻，但由於縣博士沒有品秩故而被主簿所替代，可見唐代是承認州縣博士的學官身份的。釋奠禮是唐代所有的以儒學為內容的學校都要舉行的禮儀，而有權舉行釋奠禮的各級學校都有學官主祭，因此地方官學中教授儒家經典的教師都是學官。關於地方博士、助教等為學官的記載還有《舊唐書》卷一百八十五上《良吏傳》中講述唐高宗時壽州刺史高智周政存寬惠，百姓安之。「每行部，必先召學官，見諸生，試其講誦，訪以經義及時政得失，然後問及墾田獄訟之事。」〔註21〕可見作為州刺史，高智周每行部召見並令其講授、并向其訪問經義、時政的學官，不是州的博士（後改為文學）、助教，就是州所管轄下的縣學的博士和助教。

由以上分析，可見，唐代學官的範圍包括國子監七學和地方官學（醫學除外），這也是本書學官的界定範圍。由於地方學官的資料缺乏，故而本書將國子監七學的學官列為主要的研究對象，其中又以教授儒家經典的國子學、太學、四門學為重點。

但是唐代以儒學為教學內容的學校還有與國子監七學並列的二館——弘文館和崇文館，那麼這二館的教師是否屬於學官呢？學士名稱，據趙翼考證至遲自曹魏時業已出現，但既無定員，又無定品。唐代把崇文館、弘文館的教師稱為學士，學士分為很多種，有大學士、學士、直學士、詳正學士等等，

〔註20〕《舊唐書》卷一百七《玄宗諸子傳》，第 3258 頁。
〔註21〕《舊唐書》卷一百八十五上《良吏傳》，第 4792 頁。

均由他官兼任，對於學士朝廷並沒有員額的規定，《唐六典》謂之為「弘文館
學士無常員」。由於帶有一定的隨機性，何種品階官員兼任具體哪種學士沒有
一定之規，造成學士任用制度混亂，因此仿照元和三年秋裴垍上奏的集賢院
學士改革制度，長慶三年七月弘文館奏請「當館先有學士、直學士、詳正學
士、校理、直館、讎校錯誤、講經博士等，雖職事則同，名目稍異，須有定
制，使可遵行。今請準集賢、史館兩司元和中停減雜名目例，其登朝五品已
上，充學士，六品已下充直學士，未登朝官，一切充直宏文館。其餘並請停
減，冀得典故不煩。」〔註22〕垂拱以後，由宰相兼領大學士，號為館主，常
令給事中一人判館事。隨著弘文館兼任學士與品階制度相配合制度的推行，
崇文館也進行了同樣的改革，雖然時間不確切，但推想應該也在穆宗改革弘
文館學士制度的同時或之後不久。其實，從比較宏觀的角度來講，學士屬於
教授儒經的學校內的教師，因此理論上應該屬於學官，但是由於為兼任〔註
23〕，其主要職掌是朝廷的政治事務，唐朝人並未將他們歸在學官的範疇。《太
平御覽》卷六百十《學部》引《唐書》曰：「永徽中，上命陳王師趙弘智於百
福殿講《孝經》，召中書門下三品及弘文館學士、國子監學官，並令預坐。」
而《舊唐書》卷一百八十八《孝友傳》原文對這件事是這樣記載的：「永徽初，
（趙弘智）累轉陳王師。高宗令弘智於百福殿講《孝經》，召中書門下三品及
弘文館學士、太學儒者，並預講筵。弘智演暢微言，備陳五孝。」〔註24〕原
文中的太學儒者被代稱為國子監學官，但是無論是說學官還是儒者都與學士
是分開的，兩者的身份是不同的。雖然學士不屬於唐代人規定的學官範疇，
但是二館在中央官學中的地位、學士在儒學傳承方面的作用，都是不可抹殺
的。

除了七學二館之外，在唐代還有各個專業部門下屬的職業技術學校，也
就是唐代人眼中的伎術部門。《文獻通考》卷三十五《選舉考》：「故事，伎術
官皆本司定，送吏部附申。謂秘書、殿中、太常、左春坊、太僕等伎藝之官，

〔註22〕《唐會要》卷六十四《宏文館》，第1116頁。
〔註23〕《廿二史考異》五十八《職官制》：「元帥、都統、鹽鐵轉運、延資庫諸使，
　　　　無不皆然，（按：指無品秩的差遣），即內而翰林學士、弘文、集賢、史館諸
　　　　職亦係差遣，無品秩，故常假以他官，有官則有品，官有遷轉，而供職如故
　　　　也。」因此張澤咸先生將學士歸類為使職，參見《唐代階級結構研究》第二
　　　　章《貴族官僚地主》第三節「品官與使職差遣」，第93～94頁。
〔註24〕《舊唐書》卷一百八十八《孝友傳》，第4922頁。

唯得本司遷轉，不得外敘。」唐代人把各技術部門的教師均稱為「伎術官」，
對於他們的仕途遷轉有所限制。《唐大詔令集》卷一百《釐革伎術官制》記載
了神功元年十月對於伎術官遷轉情況的規定：

> 比來諸色伎術，因榮得官，及其升遷，改從餘任。遂使器用紕
> 繆，職務乖違，不合《禮經》，事須改轍。自今本色出身，解天文者，
> 進轉官不得過太史令；音樂者，不得過太樂鼓吹署令；醫術者，不
> 得過尚藥奉御；陰陽卜筮者，不得過司膳寺諸署令。〔註25〕

其中所指解天文者中的教師指隸屬於秘書省的太史曹下設的曆、天文、漏刻、
視祲四個部門的博士，具體指曆博士、天文博士、漏刻博士和視祲博士；音
樂者指掌教習宮人書、算音樂等各種技藝的宮教博士；醫術者指太醫署的醫
博士、醫助教、按摩博士、祝禁博士，太僕寺的獸醫博士等人；陰陽卜筮者
指太常寺所屬太卜署的太卜博士、助教，相博士、助教等等，唐代人所謂伎
術官的範疇基本包括了除二館七學等之外的一切技術部門的專業教師。這些
機構雖然同屬教育機構，但是，在唐代，其教學人員並不被承認為學官。

　　此外，對於國子監上層的管理機構──尚書省禮部的長官禮部尚書、侍
郎等等是否屬於學官的問題，在此談一下我的粗淺認識。隋唐兩朝，尚書省
六部是中央各項政務管理的主幹。尚書省和六部的職責主要是發號施令，節
制督責。尚書省是行政節制中心，六部是尚書省的直屬辦事機關，主要職能
是在尚書的統轄下，具體負責各部門的行政法規、條例的編製和頒行，或直
接擔負處理某些較重要的政務，或以部門主管者的角色出現，與寺監官上下
配合，並給予施政指導。國子監是事務機關，重在秉承政令，負責具體事務。
按照我的理解，禮部官員雖然負責制定、頒行教育政策法規、掌管科舉考試，
甚至在唐代還一度控制國子監七學與崇文館、弘文館學生的補錄，但是並不
能因此而將其歸入學官範疇。因為其工作任務的重點是在中書、門下省授意
下對國家的教育政策、教育發展的方向進行宏觀調控，國子監運行及內部管
理則由國子監官員負責，禮部基本不予以干預。而且據嚴耕望先生的考證，
尚書省六部與其下屬寺監的關係，雖然在制度上有相統屬的規定，但其實兩
者是各自相對獨立的機構，國子監無論是從機構設置、管理，還是從其財政
制度等方面，均顯示出其在唐代已經成為相對獨立的教育機構。因此以政務
處理為主要內容的禮部官員由於沒有親自參與到國子監內部教學與管理的任

〔註25〕《唐大詔令集》卷一百《釐革伎術官制》，第 505 頁。

何一項，因而不能將其等同為從事學校管理與教學的學官，禮部官員與學官的關係正如今天的教育部官員與學校教師的關係一樣，二者在這個意義上是不能等同的。但是，從另外一個角度又都可以說成是負責教育的官員。

由於到了唐代，中國封建社會儒學教育制度與體系已經基本完備，後代大都是在唐代學校制度的基礎上進一步改革或完善，變動不大，因此學官的含義與範圍在唐代定型之後，後代歷朝基本不再改變。

三、選題意義

高明士先生在其論著《唐代東亞教育圈的形成》的序言中提出「一部中國教育史，可以說是教育脫離宗教範疇而與政治結合，後來又努力建立其獨立王國的歷史。」〔註26〕高先生進一步指出周代之前教育發展的最大特色，便是政教合一，官師不分，漢武帝興太學，認識到循由官辦教育以培養吏才的重要，學校成為官吏的養成所，教育開始成為政治的附庸。隋唐五代上承魏晉南北朝之餘緒、下開宋代之新局，具有鮮明的過渡時期的特點和濃厚的時代特色。隋唐時期是教育發展的重要時期，在教育發展的動態背景下研究學官，對於進一步理解隋唐教育的地位和作用也有著非同一般的意義。李唐王朝之文化享譽世界、澤被萬代，得益於政治開明、經濟繁榮等眾多原因，在諸多的成因中，學官制度起到了不容忽視的作用。加強唐代學官的研究，對深入研究唐代文化史，教育史，政治史、乃至深入認識唐代社會都有重要意義。在唐代完善成熟的文官體系中，學官研究顯得相對混亂且不夠系統，長期以來不為研究者所重視。由於學官與唐代科舉制度關係密切，往往在科舉制度的研究著述中捎帶提及，學官研究長期以來處於教育制度和文官制度研究的盲區。從目前的研究情況來看，受篇幅和研究角度所限，史學界尚未有專文以學官為主體進行系統分析。本書力圖在收集相對全面學官材料的基礎上，對學官的任職時間、官職等進行考證，對學官在唐代的作用和地位、學官的出身、地域分布、以及官職的遷轉等情況做進一步的研究，以便能更深入的認識唐代知識分子階層的情況、進一步明確儒學在唐代的地位，從而對唐代教育制度做出全面的歷史定位。

當然關於高先生的這一論斷，很多人都會產生疑問，因為如果僅僅把中

〔註26〕高明士《唐代東亞教育圈的形成》，國立編譯館中華叢書編審委員會民國七十三年一月印，序言第1頁。

國古代的教育理解為儒學文化的傳承這樣一個狹隘的領域，的確高先生的論斷有待斟酌。但教育從廣義的角度來看應該是既包括文字知識的傳播，又包含人類各種文化經驗的傳授。「人類的最初經驗產生于氏族社會後期，那些經驗便是形形式式的巫術，巫覡便是最初的文化人。」（這種觀念早由英國人類學家弗雷澤（J・G・Frazer）和馬林諾夫斯基（B・K・Malinowski）揭示。）〔註27〕《中國教育制度通史》第一卷《先秦 秦漢》中也提出相同的觀點：「巫是中國知識分子的原型，巫是上古精神文化的主要創造者，對中國文化的推進具有不可忽視的作用。」〔註28〕從這個角度來講，最初的以巫術的形式傳播的文化經驗——教育無疑是與宗教緊密結合的，隨著人類各種生活經驗的豐富，人類不斷的加深著對於自然界的認識，各種神秘事件不斷得到合理的解釋，以人類經驗的總結為內容的教育也便逐步的脫離了宗教的束縛，不斷的科學化、理性化。

　　學術界普遍的觀點是唐代私學比官學教育發達，本書之所以仍然選取官學學官為研究對象，關鍵原因在於官學教育最能體現國家的教育目標與教育政策。因為國家制定的教育政策與教育目標是由官學來具體實施並實現，之後才由私學進一步傳播的，因此只有研究官學才能進一步認識到當時社會的教育制度。最為重要的一點原因就是現存史料中官學教師的記載要遠遠多於私學教師。關於這個群體是否能夠作為獨立的群體、對這個群體研究意義，以及他們與其他政府官員是的區別，這些問題都關係到選題的價值與研究的意義。

　　首先，學官作為文官系統的構成部分之一，他們的選任標準與官職遷轉離不開整個唐代文官系統的用人制度與官職遷轉制度，但由於學官從事學校教育、進行的是教書育官的工作，鑒於其工作的特殊性，他們在選任標準與官職遷轉方面又有著不同於一般文官的特點。比如說，學官的選任除了遵循一般文官必須遵守的身、言、書、判標準之外，還對候選學官的個人品行和學術造詣有著嚴格的要求。這種選任標準的特殊性決定了學官的官職遷轉在遵循文官遷轉制度的同時，具有一定的特殊性，本書力圖對於學官的選任標準與遷轉變化進行探討，以便使人們瞭解到古代學官的特點，明確認識到唐

〔註27〕王廷洽著《中國早期知識分子的社會職能》，河南人民出版社1997年4月第1版，前言第3頁。

〔註28〕《中國教育制度通史》第一卷《先秦 秦漢》，山東教育出版社2000年7月第1版，第39頁。

代學官與我們平時所理解的教師的共性與區別。

其次，大部分學官都是其所在時代的學術代表，這種身份與其作為政府官員的雙重身份決定了他們在社會上的特殊地位。一般說來，在中國古代學官的社會地位都是非常高的，他們不但享有崇高的社會聲望，而且受到皇帝的尊重，甚至先秦時期師還享受到了遇皇帝而不拜的特殊禮遇。但是隨著師的政治作用的減弱，其地位也發生了很大變化，逐漸成為皇帝對人民進行思想統治的工具。而且，在同一朝代的不同歷史時期，學官的社會地位也是不同的。在唐代，學官的社會地位從最初的受到全社會的崇重、非博學碩儒不居，到唐代後期士人恥於為師，這中間學官的社會地位發生了翻天覆地的變化。本書力圖從歷史與現實兩個角度分析唐代學官社會地位變化的原因，從而使人們進一步瞭解唐代儒學與科舉制度發展的實際情況。唐代是科舉制度創立之後的繼續摸索時期，這是完全不同於以往任何一種選任制度的一項新制度，他對社會各階層的吸納範圍超過了以往歷史上任何一種，包括官學學生在內的各個階層大部分都要通過科舉考試才能入仕，雖然唐代依然有門蔭、軍功、流外如流等等入仕方式，但是隨著科舉制度的逐步完善，它逐漸成為中國封建社會後期占主導地位的選才方式。這種制度不同於隋唐之前官學生徒直接入仕的制度，空前地在制度上使各個階層相對平等，這種舉措也使得各種形式的私學教育空前繁盛，官學教育受到前所未有的衝擊。官學生徒中科舉及第的比例嚴重下降，以致於玄宗不得不下達了科舉貢士必須由官辦學校的詔令。官學在人才培育過程中地位的變化，對學官的社會地位影響極大。而造成這種變化的原因正是科舉制度的不成熟。宋代進行科舉制度改革，使官學、私學在科舉中統一起來，並且通過對國學生徒的重視與任職上的優待，改變了國學在唐代倍受冷落的狀況，科舉制度逐步走向完善。

唐代學官的社會作用直接關係到學官群體研究的意義，學官的職責與作用在不同歷史時期是不同的，但總的趨勢都是在日益走向專業化，這種專業化的趨勢是隨著中國文官制度和教育制度的不斷完善和成熟而推進的。對於唐代學官制度的研究，有利於進一步瞭解唐代文官制度與教育制度的發展狀況，能夠對於二者在唐代的發展情況做出比較準確的歷史定位。學官制度的研究將會提供一個新的角度，使人們深入瞭解唐代文官制度，從新的角度推動政治制度研究的深入。唐代人對於學官的作用早已有了很明確的認識。唐代宗時以楊綰為首的一批人主張廢進士、明經等科舉諸科。圍繞楊綰的奏議，

引起一場議論。大部分官員贊同楊綰的主張。其中左丞賈至提出「今欲依古制鄉舉里選，猶恐取士之未盡也，請兼廣學校，以弘訓誘。今京有太學，州縣有小學，兵革一動，生徒流離，儒臣師氏，祿廩無向。……其國子博士等，望加員數，厚其祿秩，選通儒碩生，間居其職。十道大郡，量置太學館，令博士出外，兼領郡官，召置生徒。依乎故事，保桑梓者鄉里舉焉，在流寓者庠序推焉。朝而行之，夕見其利。如此則青青不復興刺，擾擾由其歸本矣。人倫之始，王化之先，不是過也。」〔註29〕這則材料不僅反映了當時的社會教育狀況，而且把設置學校、增置學官作為實現社會教化、達到治世的途徑，學官在社會上的作用可見一斑。在唐代，無論官府還是民眾，一般都把學官的主要職責定位在實現教化、淳化風俗這一點上，將其僅僅看做培養後繼官員與實現社會穩定的思想工具，現代人則大多側重強調學官對於文化知識的傳承作用，以上兩種既成觀念的普遍性與根深蒂固性，都是導致人們一葉障目，對於學官作用的認識止步不前的原因。史學界與教育界往往側重對學官文化功能的研究，但分析非常籠統，對於學官在社會其他方面的作用，尤其是政治作用尚未涉及。實際上，學官在社會政治中也發揮著不同於其他官員的作用。本書力圖分析學官的政治作用，通過對比，使人們深入瞭解學官的特殊性。學官既是文官中學術水平的代表群體又是社會知識分子階層的代表，這兩種身份的矛盾與融合使得他們的思想與行為方式既不同於普通的文人也不同於純粹的官員，因此通過對這個矛盾體的研究有利於我們深入解讀中國古代的知識分子階層。

再次，魏晉南北朝以來九品中正制的實行，確立了門閥世族的政治統治，從魏晉南北朝直到唐代，雖然舊的世族門閥不斷被削弱，但新的門閥世族又接踵而起。直到北宋全面完善科舉及文官政治，才基本消除了世族門閥再滋生的土壤。唐代「懷牒自舉」的科舉制度，是剷除門閥世族統治的有力武器。唐代是門閥世族逐漸走向沒落的時期，通過對唐代安史之亂前後學官家庭出身進行分類統計，通過對學官家庭出身變化的分析，進一步動態的展現了唐代門閥士族沒落的全過程。雖然唐代後期一些舊的門閥世族利用他們在文化上的優勢，通過科舉考試重新在社會政治及文化領域佔據了統治地位，但這已非門閥士族統治的重新建立，因為他們已經失去了制度上的特殊權力，只能和寒門庶族及其他階層的人一起參加科舉考試，通過平等的競爭來獲得職位。

〔註29〕《舊唐書》卷一百十九《楊綰傳》，第 3434 頁。

另外，唐中期以後藩鎮勢力的強大，對中央逐漸構成威脅，在官制上的一個反映就是藩鎮將校加授中央臺省官銜。學官中，國子祭酒、司業也成為加官的一種，雖然沒有實際任職，但這足以構成對清望官制度的一種挑戰，也是中央與地方勢力對比發生變化的一種反映。中原戰亂的此起彼伏，使中原的經濟遭到破壞，而此時的南方各道偏安一隅，經濟獲得了很大發展。對學官地域分布的探討，有利於進一步揭示政治局勢的社會影響以及唐代不同地域家族文化的傳承情況。

四、關於材料的運用與難點

中國教育制度的發展有一個漫長的歷史過程，由於在相當長的歷史時期內，教育處於對政治制度的依附地位，不具有獨立性，有關教育方面的史料往往摻雜於正史記載之中，直到唐代杜佑《通典》的出現，才將選舉與學校獨立出來。其後，五代的王溥在撰寫《唐會要》時也採用同樣的處理方法。因此北宋修撰的《新唐書》受到影響，首次於正史中將《選舉志》單獨列出，標誌著教育制度的記載開始出現專門化的趨勢。儘管如此，學官的史料仍然難於收集，除了《選舉志》、《儒林傳》、《職官志》、《藝文志》（或《經籍志》）、《禮志》等有相對集中的記載外，還分散於各個人物傳記中，混雜於歷史人物官職的遷轉變化之中。由於學官群體階品的跨度非常大，上有從三品的國子祭酒、下有從九品的律學助教、國子監大成，還有沒有品階的縣學博士，階品大跨度的變化增加了收集資料的難度，況且，品級越低，正史中的記載越少，加之，在學官的從政生涯中，政治活動往往是史官記述的重點，作為學官的活動往往不予記載，或雜於其政治活動的記述之中，區分起來十分不易，這些都增加了對這個群體研究的困難性。

本書立足於史傳材料，結合《唐代墓誌彙編》、《唐代墓誌彙編續集》、《全唐文補遺》、《金石萃編》等唐代墓誌碑文，盡可能地對兩唐書、《唐會要》、《冊府元龜》、《文苑英華》、《唐大詔令集》、《全唐文》、《全唐詩》及唐人文集、雜史、筆記小說等材料中有關學官的記錄進行輯錄整理，並判斷記載正誤，按照其任職時間進行系統歸納，分析唐代不同時期學官的任職與選任特點，通過對其籍貫的統計，分析學官不同時期的地域分布，進而發現唐代教育發展的特點。

第一章　唐代的教育機構與學校發展狀況

第一節　唐代的教育管理機構

　　唐代中央政治體制的典型特點是三省六部制，在這個體制下，負責教育的機構有哪些，它們具體的運作方式又是怎樣的呢？本節著重講述禮部與國子監的權限區分，並在此基礎之上，突破典章制度的範圍，對國子監的管理權限進行系統探討。

一、禮部與國子監的權限區分

　　「三省制及以之為基礎的宰相制構成了唐代國家的最高決策部門，而寺監與尚書省及其相互的聯繫則構成了中央行政體系的骨架。故尚書省為一身二任的機關：對上，它參與三省的聯合運行而從事最高決策；對下，它總轄寺、監、府、州而管轄實際政務。」〔註1〕這段話非常明確地點出了尚書省與寺監的關係。隋唐時期尚書省是中央各項政務管理的主幹機構，其職責主要是發號施令，節制督責。唐代人對於尚書與寺監的關係已經認識的很清楚，《唐會要》卷七十八《諸使雜錄》記載了天寶七載大臣們對於派九成宮使聚斂行為的一段批駁，其中對於尚書、寺監的職責有一段明確的闡述：「九寺三監、東宮三寺、十二衛，及京兆、河南府，是王者之有司，各勤所守以奉職事。

〔註1〕樓勁：《唐代的尚書省——寺監體制及其行政機制》，《蘭州大學學報》1988 年
　　　第 2 期。

尚書準舊章，立程度以頒之。」尚書省為寺、監「準舊章，立程度」，寺、監接受尚書省的政令指導。

　　尚書省有六部，六部是尚書省的直屬辦事機關，主要職能是在尚書的統轄下，具體負責各部門的行政法規、條例的編製和頒行，或直接擔負處理某些較重要的政務，或以部門主管者的角色出現，與寺監官上下配合，並給予施政指導。六部之一的禮部是唐代禮樂教育的最高行政管理機構，《唐六典》卷四《尚書禮部》云：「禮部尚書、侍郎之職，掌天下禮儀、祠祭、燕饗、貢舉之政令。其屬有四：一曰禮部，二曰祠部，三曰膳部，四曰主客；尚書、侍郎總其職務而奉行其制命。」〔註2〕禮部權限範圍很廣，除了學校和貢舉之外，凡是屬於禮樂、祭祀、朝會、宴饗範圍的政令統歸其掌管。實際上，禮部並不是一個單一的教育行政管理部門，而是一個跨行業、跨部門的綜合行政管理部門，教育與科舉方面的事務僅是其管轄的一部分。其屬官禮部司掌管禮樂、學校、圖書、冊命、表疏。禮部有權節制太常寺的禮樂，鴻臚寺的民族、外交，光祿寺的祭祀，國子監的學校教育等方面的工作。〔註3〕正是基於這種性質，所以禮部對於各項專業事務的管理主要限於一般政令的制定和總體上的指導。而且在確定一些重大的政策法令的時候，也不能獨斷專行，須會同有關的專業部門共同商定。比如說在教育方面的事務，要與國子監官員共同研究；有關釋奠禮儀方面的事務，就要和太常寺官員協商。除了負責國子監七學及崇文、弘文二館在內的中央官學與地方官學的教育之外，禮部還通過掌管貢舉、統一考試內容與制定科舉評判標準的形式，從宏觀上掌控了私學教育。

　　國子監從隸屬關係來看似乎是禮部下屬的機構，但實際上卻是一個獨立的行政部門。禮部與國子監的區別主要體現在以下兩個方面：一方面，禮部側重於科舉事務管理，國子監側重學校事務管理。對於學校事務的管理，禮部側重於政策法令的制定，國子監則側重政策法令的具體執行、日常事務的管理，也就是說，禮部是最高教育行政立法部門，國子監則是國家教育行政事務執行部門。另一方面，國子監與尚書省的關係並不僅僅侷限於承受禮部的政令指揮，還與尚書省的其他各部也存在著各種形式的聯繫。例如吏部，它是職官管理的政務機關，執掌銓選、官員考課與封爵勳賞。六品以下的文

〔註2〕《唐六典》卷四《尚書禮部》，第108頁。
〔註3〕參見張國剛《隋唐官制》，第68頁。

職官選任，由吏部尚書、侍郎親自掌管，吏部司（南曹）具體承辦。國子監六品以下的學官都要經由吏部銓選，「量資注擬」，五品以上學官則先報請皇帝，由中書門下制授。唐憲宗時期由於吏部所注的學官不合格，國子祭酒韓愈曾上書《國子監論新注學官牒》：「國子監應今新注學官等牒，準今年赦文，委國子祭酒選擇有經藝堪訓導生徒者，以充學官。近年吏部所注，多循資敘，不考藝能；至令生徒不自勸勵。伏請非專通經傳，博涉墳史，及進士五經諸色登科人，不以比擬。其新受官，上日必加研試，然後放上，以副聖朝崇儒尚學之意。具狀牒上吏部，仍牒監者。謹牒。」〔註4〕這是根據皇帝下達的關於「委國子祭酒選擇」學官的赦文精神，由國子祭酒制定的牒上吏部、昭示於國子監官員的具體執行規則。

二、國子監的管理權限

　　《唐書》中對國子監最高長官國子祭酒的職能這樣概括：「祭酒一人，從三品；司業二人，從四品下。掌儒學訓導之政，總國子、太學、廣文、四門、律、書、算凡七學。天子視學，皇太子齒胄，則講義。釋奠，執經論議，奏京文武七品以上觀禮。凡授經，以《周易》、《尚書》、《周禮》、《儀禮》、《禮記》、《毛詩》、《春秋左氏傳》、《公羊傳》、《穀梁傳》各為一經，兼習《孝經》、《論語》、《老子》，歲終，考學官訓導多少為殿最。」〔註5〕由此可見，國子監的主要職能可歸結為掌訓導之政、承辦學禮、考核學官、講授儒經等四項。

　　第一、儒學訓導之政

　　所謂儒學訓導之政，即相當於國子監的日常管理，大體包括修葺學館、學生的廚糧住宿、學習考試、以及學校紀律等幾個方面。代宗曾給國子監下過一道詔敕，這道詔敕全面反映了國子監的日常職能，「學生員數多少，所習經業，考試等第，並所供糧料，及學館破壞，要量事修理，各委本司作條件聞奏。務須詳悉，稱朕意焉。」〔註6〕此處「本司」即指國子監。

　　1、校舍管理。國子監的校舍維修等問題，由國子監自行負責。當中央政府財政緊缺之後，國子監的維修費用還要由國子祭酒想方設法進行籌措。如元和十四年（819年）十二月國子祭酒鄭餘慶曾上奏皇帝，通過強制官員捐款

〔註4〕《韓昌黎文集校注》卷八《國子監論新注學官牒》，第636～637頁。
〔註5〕《新唐書》卷四十八《百官志三》，第1265～1266頁。
〔註6〕《舊唐書》卷二十四《禮儀志》，第923頁。

（按月抽取料錢）的方式來籌措修繕國子監的費用，「見任文官一品至九品，外使兼京正員官者，每月於所請料錢每貫抽十文，修國子監，從之。」〔註7〕唐懿宗時祭酒劉允章奏請：「群臣輸光學錢治庠序，宰相五萬，節度使四萬，刺史萬。」〔註8〕批准施行。唐昭宗大順元年（890年）二月，宰臣兼國子祭酒孔緯「以孔子廟經兵火，有司釋奠無所，請內外文臣自觀察使、制使下及令佐，於本官料錢上緡抽十文，助修國學，從之。」〔註9〕可見修繕國子監費用的方案都要由國子祭酒提出，中央政府除了批覆之外，並無其他具體舉措，國子祭酒對此事務享有全權處理的權力。

2、學風紀律。國子監學風紀律由國子監管理。當世風澆訛，學風不正，或朝政混亂，學校荒廢的時刻，這項職能尤顯突出。高宗永淳之後，「禮樂廢散，胄子棄缺，時輕儒學之官，莫存章句之選。」〔註10〕生徒以僥倖升班，於是國子祭酒韋嗣立多次上書武則天，要求尊師重教，恢復儒學，重整學風。國子監中有不少高官子弟，他們憑藉父祖蔭庇，肆無忌憚，以這些學生為中心形成對學校紀律的威脅勢力，學校紀律的制定多是針對這部分紈綺子弟和一些不服管教的學生。這樣一來，執行紀律較嚴格的學官就會引起他們的仇視，睿宗時就發生了國子祭酒陽嶠因管理較嚴被學生報復毆打的事情，「時學徒漸弛，嶠課率經業，稍行鞭棰，學生怨之，頗有喧謗，乃相率乘夜於街中毆之。」〔註11〕代宗大曆初，國子司業歸崇敬也提出加強學校紀律，對不服管教者予以嚴懲的辦法，「其有不率教者，則檟楚撲之。國子不率教者，則申禮部，移為太學。太學之不變者，移之四門。四門之不變者，歸本州之學。州學之不變者，復本役，終身不齒。雖率教九年而學不成者，亦歸之州學。」〔註12〕針對不服管教的學生提出了逐步降級的方法，直至退學，終身不齒，以徼效尤。憲宗元和元年（806年）國子祭酒馮伉進一步明確歸納了違反紀律達到解退程度學生的類型，「其有藝業不勤、遊處非類、樗蒱六博、酗酒喧爭、凌慢有司、不脩法度，有一於此，並請解退。」〔註13〕穆宗時國子祭酒韋乾度在國子監各館均設立一個專知館博士進行管理，對生徒無故擾亂秩序者嚴

〔註7〕《舊唐書》卷十五《憲宗本紀》，第471頁。
〔註8〕《新唐書》卷一百六《劉伯芻附子允章傳》，第4970頁。
〔註9〕《舊唐書》卷二十《昭宗本紀》，第740頁。
〔註10〕《唐會要》卷三十五《釋奠》，第634頁。
〔註11〕《舊唐書》卷一百八十五《陽嶠傳》，第4813頁。
〔註12〕《舊唐書》卷一百四十九《歸崇敬傳》，第4018頁。
〔註13〕《唐會要》卷六十六《國子監》，第1159頁。

加處理。

第二、承辦學禮

唐代國子監承辦的學禮共有三類，即釋奠禮、視學禮和束脩禮。束脩是初入學的學生入學時交納的敬師禮物，唐代無論官學、私學始拜師都要行束脩禮。官學束脩禮的具體內容及禮儀程序，史書中有詳細記載。以國子監為例，束脩禮舉行的時間在每年新生始入學時，國子監各館學生在繳納束脩時的數量是一致的，「其生初入，置束帛一篚、酒一壺、修一案，號為束脩之禮。」〔註14〕接受束脩禮的對象是主管教學的博士和助教，其分束脩，三分入博士，二分入助教。皇子束脩也是在國子監舉行，所持束脩種類與普通學生相同，「皇子束脩：束帛一篚，五匹；酒一壺，二斗；修一案，五脡。」禮節繁瑣、程序複雜，此處不予詳述〔註15〕。而私學束脩禮卻未見明文規定，但是通過掇拾歸納史書中的某些細節，仍然能夠肯定隋唐時期私學也是行束脩禮的。如隋代劉炫聰明博學，優游鄉里，專以教授著述為務，但是由於「懷抱不曠，又嗇於財，不行束脩者，未嘗有所教誨，時人以此少之。」〔註16〕可見隋代民間講學是收取束脩的，而且束脩是確立師生名分的象徵。此說尚有王世充為子求師事證，王世充僭號，封子漢王，署陸德明為師，就其家行束脩之禮，德明恥之，吞服巴豆散，以腹瀉不止躲避王世充子行禮，因而束脩禮未成，師生名分也沒有建立。唐代，儒學大師常為外邦人員講經，由於能夠形成一種臨時的師生關係，束脩禮也是必行的。太宗時，朱子奢出使高麗、百濟、新羅，因為預知要為這兩個邦國講說儒經，太宗預先告誡朱子奢切勿收其束脩，從這個記載可以推見，正常情況下，為外邦講經收取束脩禮也是必然的。開元初，日本遣使來朝，請儒士授經，玄宗乃詔四門助教趙玄默就鴻臚寺教之，日本使者遺玄默闊幅布以為束脩之禮，外邦使者熟諳此禮，說明這種禮節影響範圍之廣，在唐代束脩禮是建立師生關係的前提。可見，在唐代無論官學還是私學只要構成一定的師生關係，就要行束脩之禮。

釋奠禮是中國古代定期舉行的祭祀先聖先師的典禮，屬於唐代五禮之一的吉禮。關於釋奠最早的記載出自《禮記・文王世子》，「凡學，春官釋奠於先師，秋冬亦如是。凡始立學者，必釋奠於先聖先師」，漢代今文經學崇奉孔

〔註14〕《唐六典》卷二十一《國子監》，第559頁。
〔註15〕參見《新唐書》卷十五《禮樂志》，第372、373頁。
〔註16〕《隋書》卷七十五《劉焯傳》，第1719頁。

子為先聖，古文經學尊奉周公為先聖，認為孔子是史學家。古文經大師鄭玄，兼通今文經，他揉和今古文兩家的說法，認為先聖先師既可以指周公又可以指孔子。造成魏晉至唐各朝對於先聖先師認定情況的混亂，或尊孔或尊周，更有的二者兼奉。貞觀二年（628 年），唐太宗採納房玄齡等人的建議，「停祭周公，升夫子為先聖」，在中國歷史上第一次確立了孔子在教育領域的獨尊地位，此後孔子便以聖人的身份成為萬世師表。唐代釋奠禮分為常祀和非常祀兩種。常祀指由學官主持每年按時舉行的釋奠活動。唐朝規定每年春秋二時，全國各地皆祭奠孔子。中央在國子監文宣王廟舉行，以「祭酒為初獻，司業為亞獻，博士為終獻。」〔註 17〕當日，「奏京文武七品以上觀視」。非常祀，指由皇帝或皇太子親自主持或觀視的釋奠。唐初崇尚儒學，皇帝常親臨釋奠禮，「武德七年（624 年）二月十七日（高祖）幸國子學，親臨釋奠」、「貞觀十四年（640 年）二月十日（太宗）幸國子監，親臨釋奠。」〔註 18〕為體現崇儒政策，皇帝常令皇太子親自參加釋奠。有皇太子參加的釋奠禮中，太子為初獻，祭酒為亞獻，司業為終獻。貞觀二十年（646 年）二月，「詔皇太子於國學釋奠於先聖先師，皇太子為初獻，國子祭酒張復裔為亞獻，光州刺史攝司業趙宏智為終獻。」〔註 19〕儀式結束後，國子祭酒率學生立於監門外道左，恭送皇帝、太子還宮。

　　視學禮，屬於「非常祀，天子有時而行之者」。〔註 20〕唐朝前期，皇帝常親臨國子監視學。按《新唐書·禮樂志》記載，皇帝視學之時，皇太子要隨行。在視學之日，「皇帝乘馬，祭酒帥監官、學生迎於道左。」〔註 21〕視學禮對皇帝、太子和大臣各自的位置有嚴格的規定。「皇帝視學，設大次於學堂後，皇太子次於大次東。設御座堂上，講榻北向。皇太子座御座東南，西向。文臣三品以上座太子南，少退；武臣三品以上於講榻西南，執讀座於前楹，北向。三館學官座武官後。……學生位於文、武后。」〔註 22〕各就各位之後，國子祭酒、國子司業或碩學博士充任侍講，登壇發篋，開講經藝。執讀、執經釋義之後，侍講就論義座，當眾解答疑問。儀式完畢後，皇帝還宮，祭酒

〔註 17〕《唐六典》卷二十一《國子監》，第 394 頁。
〔註 18〕《唐會要》卷三十五《釋奠》，第 640 頁。
〔註 19〕《唐會要》卷三十五《釋奠》，第 640 頁。
〔註 20〕《新唐書》卷十四《禮樂志三》，第 349 頁。
〔註 21〕《新唐書》卷十四《禮樂志四》，第 355 頁。
〔註 22〕《新唐書》卷十四《禮樂志四》，第 355 頁。

率監官，學生辭於道左。

　　無論是束脩禮、視學禮，還是釋奠禮都彰顯了政治至上的理念。唐代的學校禮儀中嚴格的等級與秩序，以及以行政長官為主，學官為輔的特徵，目的是通過學禮向民眾彰顯國家嚴格的政治秩序與尊卑等級，學禮的政治目的與意義可見一斑。

　　第三、對學官的管理權限

　　國子監對於學官的日常管理主要是通過考核，除此以外國子監還獲得了薦舉學官，以及對學官的設置，待遇等問題上奏建議的權力。

　　1、考核學官。國子監長官國子祭酒與副長官國子司業具有考核監內學官的權力。國子祭酒是從三品，由皇帝親自考核，國子司業由國子祭酒親自考定等第。其他學官則每年都要由國子祭酒、國子司業根據每個學官一年內訓導學生的成效和授經多少、優劣，進行評定，並劃分等第。《新唐書》記載：「歲終，考學官訓導多少為殿最。」唐代官員考核有「四善」與「二十七最」〔註23〕。四善即「德義有聞」、「清慎明著」、「公平可稱」、「恪勤匪懈」，這是就官員的品行而言的。「二十七最」是對二十七種職務的專業考核。與國子監的教學和管理相關的考核標準有：「訓導有方，生徒充業，為學官之最」；「禮義興行，肅清所部，為政教之最」；「職事修理，供承強濟，為監掌之最」等等。國子祭酒與司業對國子監的教學官員和行政官員即按照以上標準考定等第，將考核所定等第送交禮部，作為吏部進行統一考核的依據。

　　2、薦舉研試學官。在唐代，國子祭酒也獲得了薦舉學官和對新授任學官進行研試的權力。薦舉學官，即由祭酒負責查訪、選擇符合學官條件的人選後，上報，得到批准之後由中央政府授予官職。由於此種選官行為最初時具有某種隨意性，故在當時官制上鮮有記載，後來這種非經常性的選官行為被皇帝的詔令、赦文所承認，開始具有制度性。〔註24〕玄宗開元十六年（728年）楊瑒遷國子祭酒，表薦「滄州人王迴質、瀛州人尹子路、汴州人白履忠，皆經學優長，德行純茂，堪為後生師範，請追授學官，令其教授，以獎儒學之路。」〔註25〕憲宗時，才正式在赦文中明確國子監自行選任學官的權力，「太學崇儒，教化根本，兩都國子監館宇，如有隳壞處，宜令本司計料聞奏，

〔註23〕詳見《大唐六典》卷二《尚書吏部》考功郎中條，第45～46頁。
〔註24〕參見汪征魯著《魏晉南北朝選官體制研究》之隋唐以科舉為先進的選官系統，第50頁。
〔註25〕《舊唐書》卷一百八十五《良吏下·楊瑒傳》，第4820頁。

當與修葺。官屬師氏，委中書門下及所司精慎選擇。」〔註26〕所司即指國子監，具體執行者即國子監長官國子祭酒。穆宗長慶元年（821 年）正月辛丑制：「天下諸色人中，有能精通一經、堪為師法者，委國子祭酒訪擇」。〔註27〕可見祭酒訪擇並向禮部薦舉學官已成為一種慣例。但是舉薦行為的發生是在國子監出現官缺的時候，再由國子祭酒尋找合適人選，上報朝廷追授。登仕郎守秘書省校書郎張籍被國子祭酒韓愈舉薦為國子博士，就是發生在國子監出現官缺的時候。韓愈上奏：「右件官學有師法，文多古風；沉默靜退，介然自守；聲華行實，光映儒林。臣當司見闕國子監博士一員，生徒藉其訓導。伏乞天恩，特授此官，以彰聖朝崇儒尚德之道。謹錄奏聞，伏聽敕旨。」〔註28〕

韓愈的舉狀反映了學官舉薦的整個過程。凡下之所以達上，其制有六，曰表、狀、牋、啟、辭、牒。「表上於天子，其近臣亦為狀。」前文所引韓愈所上《舉薦張籍狀》就是上報皇帝的奏章，奏章先交由中書省，由中書省批示後交給皇帝審閱。皇帝審閱批准後，通過敕旨下達旨意。「凡王言之制有七：一曰冊書，二曰制書，三曰慰勞制書，四曰發日敕，五曰敕旨，六曰論事敕書，七曰敕牒。」皆由中書省宣署申覆而施行焉。〔註29〕敕旨即謂百司承旨而為程序，奏事請施行者。祭酒薦舉學官的具體步驟，就是國子祭酒在監內學官出現缺員的時候，按照「學有師法，文多古風；沉默靜退，介然自守；聲華行實，光映儒林」等選用標準，察訪適合人選，上報中書門下批示，交由皇帝裁決，之後由中央發敕旨正式授予官職。

除了舉薦學官，國子監還有對吏部新授任的學官進行研試的權力。唐憲宗元和十五年（820 年）國子祭酒韓愈在任時，「近年吏部所注，多循資敘，不考藝能，至令生徒不自勸勵。伏請非專通經傳，博涉墳史，及進士五經諸色登科人，不以比擬。其新受官，上日必加研試，然後放上，以副聖朝崇儒尚學之意。」〔註30〕獲准施行。吏部新授任學官在正式入職前，先要通過國子監的研試，研試合格才放其上任，如若不合格，就要駁回吏部，國子監在學官任用方面的權力進一步增強。

〔註26〕《全唐文》卷六十三《上尊號赦文》，第 678 頁。
〔註27〕《唐大詔令集》卷十《長慶元年冊尊號赦》，第 61 頁。
〔註28〕《全唐文》卷五百四十九《舉薦張籍狀》，第 5564。
〔註29〕《唐六典》卷九《中書省集賢院史館匭使》，第 273、274 頁。
〔註30〕《韓昌黎文集校注》卷八《國子監論新注學官牒》，第 637 頁。

　　3、為學官爭取俸祿。唐代國子祭酒有奏請定制學官俸祿的權力，唐文宗大和七年（833年）宰相鄭覃因皇帝好儒學，奏太學置五經博士各一人，緣無職田，於是在開成元年（836年）五月擔任兼判國子祭酒時，奏請：「太學新置五經博士各一人，請依王府官例，賜以祿粟。」〔註31〕獲准施行。雖然此次俸祿定制得到批准與鄭覃的宰相地位不無關係，但在某種程度上又體現了國子祭酒的權限範圍。

　　第四、講授經書

　　講授經書既是學官的日常活動，也是國子監的主要職責。國子、太學、四門、廣文四館的主要教授內容是儒家經典，以《周易》、《尚書》、《周禮》、《儀禮》、《禮記》、《毛詩》、《春秋左氏傳》、《公羊傳》、《穀梁傳》各為一經，兼習《孝經》、《論語》、《老子》。律學以《律》、《令》為專業內容，《格》、《式》、《法例》亦兼習之。書學以《石經》、《說文》、《字林》為專業，餘字書亦兼習之。算學則以《九章》、《海島》、《孫子》、《五曹》、《張丘建》、《夏侯陽》、《周髀》、《綴術》、《緝古》等為主要內容，其記遺三等數亦兼習之。根據各經書的難易程度和內容的多少，各經的學習年限也有所區別，如《孝經》、《論語》限一年業成，《尚書》、《春秋公羊・穀梁》各一年半，《周易》、《毛詩》、《周禮》、《儀禮》各二年，《禮記》、《左氏春秋》各三年。各館博士每人主講一經，助教輔助博士分經講授，直講掌佐博士、助教之職，專以經術講授。

　　國子祭酒平時一般不親自講授，教學工作主要由各個學校的博士、助教、直講等學官擔負。不過，在皇帝視學、皇太子受業和舉行學禮的重大場合，國子祭酒就要親自主講。國子祭酒講義、執經論議、授經等只是在學禮舉行的過程中，作為完成禮儀過程的一個固定程序而進行，總體說來，其行政職能要大於教學職能。《唐六典》稱：「皇帝視學，皇太子齒冑，（國子祭酒）則執經講義焉。凡釋奠之日，則集諸生，（國子祭酒）執經論議。」〔註32〕孫培青主編的《中國教育管理史》稱祭酒平時也定期主講大班課程〔註33〕，可惜沒有具體例證。推測來說，這種情況也有可能存在，大致也如現在的專家講座。由於筆者所搜集資料有限，目前尚未發現支持此觀點的證據，能肯定的是祭酒講經主要是在特殊情況下。唐代皇帝視學，常與釋奠禮同時發生。如

〔註31〕《舊唐書》卷十七《文宗本紀下》，第551頁。
〔註32〕《唐六典》卷二十一《國子監》，第394頁。
〔註33〕《中國教育管理史》人民教育出版社1996年12月第一版，第146頁。

武德二年（619年）、武德七年（624）唐高祖曾兩次至國子學視學，並親臨釋奠。貞觀十四年（640年）二月，「丁丑，上幸國子監，觀釋奠，命祭酒孔穎達講《孝經》，賜祭酒以下至諸生高第帛有差。是時上大徵天下名儒為學官，數幸國子監，使之講論，學生能明一大經已上皆得補官。」〔註34〕

國子監以培養學生為主，教授經書是國子監最主要的職責，其他各項日常管理都是圍繞教學展開。

第五、對學生的管理權

1、管理學生的入學選補、斥退。「國子監所管學生，尚書省補。」〔註35〕國子監學生由尚書省禮部選補，《唐書·選舉志》進一步解釋說「尚書省補，祭酒統焉」。〔註36〕在天寶以前，凡學生申請補闕入國子監各學者，必須先向國子監申請，國子監審查合格，報禮部備案。安史之亂後，禮崩樂壞，學校荒蕪，兵革未息，國學生不能廩食，生徒盡散，堂墉頹壞，常借兵健居止。至永泰二年（766年）正月，國子祭酒蕭昕上言：「崇儒尚學，以正風教，乃王化之本也。」〔註37〕朝廷採納了他的建議，復補國子學生。貞元十九年（803年）時任四門博士的韓愈上《請復國子監生徒狀》：「今請國子館並依《六典》；其太學館量許取常參官八品已上子弟充；其四門館亦量許取無資蔭有才業人充；如有資蔭不補學生應舉者，請禮部不在收試限；其新補人有冒蔭者，請牒送法司科罪。緣今年舉期已近，伏請去上都五百里內，特許非時收補；其五百里外，且任鄉貢，至來年春，一時收補。其廚糧度支，先給二百七十四人，今請準新補人數，量加支給。謹俱如前，伏聽處分。」〔註38〕要求禮部嚴格增補學生的程序，廚糧開支按二百七十四人支付。憲宗元和初國子祭酒馮伉針對冒名頂替、掛名國學等問題提出處理意見，「其禮部所補生，到日，亦請準格帖試，然後給廚役。每日一度，試經一年，等第不進者，停廚。庶以上功，示其激勸。又準格，九年不及第者，即出監。聞比來多改名卻入，起今以後，如有此類，請退送法司，準式科處。」〔註39〕得到批准。禮部所補錄的學生，在到國子監報到之日，參加國子監舉行的考試，合格之後才能

〔註34〕《通鑒》卷一百九十五「太宗貞觀十四年二月」條，第6152〜6153頁。
〔註35〕《唐會要》卷三十五《學校》，第634頁。
〔註36〕《新唐書》卷四十四《選舉志》，第1160頁。
〔註37〕《舊唐書》卷二十四《禮儀志》，第922頁。
〔註38〕《韓昌黎文集校注》卷八《請復國子監生徒狀》，第589頁。
〔註39〕《唐會要》卷六十六《國子監》，第1159頁。

被正式錄取，獲得政府度支的膳食；對於被退出監，之後改換名字重新入學的學生，則交由法律部門依法懲處。安史之亂後教育制度混亂，有申請入國子監各學校者，「並不曾先於監司陳狀，便自投名禮部，計會補署」〔註40〕，國子監選補學生的考試權完全被禮部侵奪，但始於何時已不得而知。禮部侍郎權力擴大，《舊唐書》卷149《令狐垣傳》記載德宗初年，有士子名叫杜封，求補弘文生，其父杜鴻漸曾經擔任宰相。憑故舊關係，請現任宰相楊炎幫忙，於是楊炎請託於禮部侍郎令狐垣，令狐垣是一個正直無私的人，他向皇帝稟明道：「宰相迫臣以私，臣若從之，則負陛下；不從，則炎當害臣」。針對這種腐敗現實，為了杜絕請託，維護國子監學生選補制度的公正性，唐穆宗長慶二年（822 年）國子祭酒韋乾度奏稱：「請起今已後，應四館有闕，其每年請補學生者，須先經監司陳狀，稱請替某人闕。監司則先考試，通畢然後具姓名申禮部，仍稱勘充學生。如無監司解申，請不在收管之限。」將國子監學生的補闕權收歸監司，同時也為遏制徇私舞弊情況的發生起到一定作用。

　　2、學生日常食宿與學習事務管理。有關學生日常管理的一項重要事務就是學生的食宿問題。一般情況下國子監的具體事務都是由國子祭酒、國子司業出面解決，其他學官也可以隨時就國子監的某些問題提出意見。例如貞元十九年（803 年）韓愈任四門博士時上《請復國子監生徒狀》，奏請國子監「廚糧度支，先給二百七十四人，今請準新補人數，量加支給。謹俱如前，伏聽處分。」〔註41〕要求廚糧開支按 274 人支付，如有新增補人數，再量加支給。唐穆宗長慶二年（822 年）國子祭酒韋乾度進一步完善了廚房給轉制度，「請起今以後當監進士、明經等，待補署畢，關牒到監司，則重考試。其進士等若重試及格，當日便給廚房。其明經等考試及格後，待經監司解送，則給廚房庶息喧爭。當監四館學生有及第出監者，便將本住房轉與親故，其合得房學生，則無房可給。請起今以後，學生有及第出監者，仰館子先通狀納房，待有新補學生公試畢後，便給令居住。」〔註42〕改變了以往「每給付廚房，動多喧競」〔註43〕的局面。

　　考察學生的習業情況，並向禮部選送合格者參加科舉。國子監為了檢查學生的學習狀況以及檢驗學官教授的效果，時常舉行考試。考試分為小型考

〔註40〕《冊府元龜》卷六〇四《學校部・奏議三》，第 7254 頁。
〔註41〕《韓昌黎文集校注》卷八《請復國子監生徒狀》，第 590 頁。
〔註42〕《冊府元龜》卷六〇四《學校部・奏議三》，第 7254 頁。
〔註43〕《冊府元龜》卷六〇四《學校部・奏議三》，第 7254 頁。

試和大考。小型考試包括旬試、月試，也有人說有季試，即在每旬、月或季末舉行的考試。歲試即畢業考，是大考，由祭酒和司業主持，時間在每年年終。「凡六學生，每年有業成上於監者，以其業與祭酒、司業試所習業，上尚書禮部」。〔註44〕是在學生應修課程期滿，成績及格時舉行，由博士出題，國子祭酒、司業監考。題目模擬科舉考試的形式，如果考試及格表明該學生已經具有了參加科舉考試的資格，之後由國子監上報尚書省的禮部准許參加科舉考試；不及格者，復歸本學館繼續學習。國子祭酒有權修訂監內的考試制度，如旬試之制曾經一度廢弛，唐文宗太和五年（831年）祭酒裴通奏准復行旬試制度，得到批准。

此外，國子監對於禮部所舉辦的科舉考試內容有一定的干涉權力。例如，唐玄宗時楊瑒為國子祭酒，針對科舉考試明經惟取孤經絕句的弊端，他在開元十六年（728年）上疏請求：「自今已後，考試盡帖平文，以存大典」，針對《周禮》、《儀禮》等經殆將廢絕的情況上書要求：「能通周、儀禮、公羊、穀梁者，亦量加優獎。」〔註45〕生徒感激，為楊瑒立頌於學門之外。唐代宗大曆初，歸崇敬任國子司業，曾上疏提出改革禮部的考試方法〔註46〕，他的建議詔下尚書省令百僚討論，雖然終以習俗既久，重難改作，而不得實行，但是通過這件事可看出國子監對於上級禮部掌管的科舉考試內容有一定的干涉權力。

第二節　唐代學校略考

唐代學校分為官學和私學兩大系統，由尚書省的禮部統一管理。官學又由中央官學和地方官學兩部分組成。中央官學系統概稱為「六學二館」，「凡學六，皆隸於國子監」〔註47〕，其中「六學」即國子學、太學、四門學、律學、書學、算學。天寶九載（750年）為「救生徒之離散」〔註48〕，又置廣文

〔註44〕《舊唐書》卷四十四《職官志三》第1891頁。
〔註45〕《舊唐書》卷一百八十五《良吏下·楊瑒傳》，第4819～4820頁。
〔註46〕參見《舊唐書》卷一百四十九《歸崇敬傳》，第4019頁。奏曰「其禮部考試之法，請無帖經，但於所習經中問大義二十，得十八為通，兼《論語》、《孝經》各問十得八，兼讀所問文注義疏，必令通熟者為一通。又於本經問時務策三道，通二為及第。其中有孝行聞於鄉閭者，舉解具言於習業之下。省試之日，觀其所實，義少兩道，亦請兼收。其天下鄉貢，亦如之。習業考試，並以明經為名。得第者，授官之資與進士同。」
〔註47〕《新唐書》卷四十四《選舉志》，第1159頁。
〔註48〕《唐摭言》卷一《廣文》，第8頁。

館，招收常修進士業者，於是國子監由統轄六學增為七學。唐高宗龍朔二年
（662 年）正月十八日又在東都洛陽增置國子監，自此學生分於兩都教授〔註
49〕，最初東都國子監只設置有四門學〔註50〕，後來其他六學也漸次在東都扎
根，但各自設立的具體時間已不可考。「二館」即崇文館與弘文館。其中弘文
館由門下省管轄，崇文館直屬於太子東宮。唐代地方上還存在著州—縣—鄉—
里四級制的教育體系。無論中央還是地方官學，都歸禮部管理，體現了教育
上的中央集權。禮部作為科舉考試的管理機構在教育思想、政策法規和教學
內容上對全國的官私學校有指導作用。

　　唐代地方官學教育體系較為發達，郡縣學校普及率非常高，中央政府曾
下達「天下舉人不得充鄉貢試，皆須補國子學生及郡縣學生」〔註51〕的詔令，
顯然是中央政府為挽救官學教育而採取的應急措施，但天下舉人皆可補國子
學生及郡縣學生反映了唐代官學的分布範圍之廣。唐代官學繁榮是發生在唐
玄宗天寶之前的一段時間，之後隨著唐代政治經濟形勢的變化以及官學教學
內容與科舉制度內容的不協調，天寶以後官學衰落。官學衰落恰恰為私學的
發展提供了契機，此後，私學逐步走向興盛。但，不可否認，唐代官學為普
及唐代文化以及提高民眾受教育程度都作出了不可磨滅的貢獻。唐代官學
中，還有一個獨具唐代特色的學校——崇玄學，關於崇玄學的具體情況將在
下面章節中有具體的論述。

一、與科舉有關的教育部門

　　1、「二館」：弘文館與崇文館

　　（甲）弘文館〔註52〕：《唐六典》卷八《門下省》引用「弘文館學士，無
員數」時，解釋了弘文館的淵源與沿革，「後漢有東觀，魏有崇文館，宋元嘉
有玄、史兩館，宋泰始至齊永明有總明館，梁有士林館，北齊有文林館，後
周有崇文館，或典校理，或司撰著，或兼訓生徒，若今弘文館之任也。武德
初，置修文館；武德末，改為弘文館。神龍元年，避孝敬皇帝諱，改為昭文。

〔註49〕《舊唐書》卷四《高宗本紀》，第 82 頁「東都初置國子監，並加學生等員，
　　　　均分於兩京教授。」
〔註50〕《通典》卷五十三《禮十三》第 1468 頁：「龍朔二年，東都置國子監、丞、
　　　　主簿、錄事各一員，四門博士、助教、四門生三百員，俊士二百員。」
〔註51〕《冊府元龜》卷六四〇《貢舉部·條制二》，第 7674 頁。
〔註52〕《唐會要》稱「宏文館」。

神龍二年又改為修文，景雲二年改為昭文。開元七年又改為弘文，隸門下省。」
〔註53〕弘文館隸屬門下省，前身為設立於武德四年（621年）正月的修文館，
武德九年（626年）三月始改名為弘文館。太宗初即位，大闡文教，「於宏文
殿聚四部群書二十餘萬卷，於殿側置宏文館。精選天下賢良文學之士：虞世
南、褚亮、姚思廉、歐陽詢、蔡允恭、蕭德言等，以本官兼學士，令更宿直。
聽朝之際，引入內殿，講論文義，商量政事。」〔註54〕這時的弘文館只能算
是皇帝的秘書諮詢機構，而且沒有學生，因此算不上是學校。直到貞觀元年
（627年）敕令京官文武職事五品以上子孫，願學書法者可以入內，這時弘文
館才開始具有了書法學校的性質。貞觀二年（628年）黃門侍郎王珪奏請置講
經博士，準式貢舉之後，正式成為一所以修習儒業為主、以培養科舉貢生為
準的學校。弘文館的教師稱為學士，學士名稱有多種，如大學士、學士、直
學士、詳正學士等等，武則天垂拱年間規定由宰相兼領大學士，號為館主，
常令給事中一人判館事。弘文館所有學士均為兼職，學士員額沒有嚴格的限
定，因此《唐六典》稱之為「弘文館學士無常員」。由於兼職官員的品階與學
士的等級沒有建立相應的定制，造成學士任用制度的混亂，唐穆宗長慶三年
（823年）七月弘文館比照元和三年（808年）裴垍改革集賢院學士的制度，
奏請「當館先有學士、直學士、詳正學士、校理、直館、讎校錯誤、講經博
士等，雖職事則同，名目稍異，須有定制，使可遵行。今請準集賢史館兩司
元和中停減雜名目例：其登朝五品以上充學士，六品已下充直學士，未登朝
官一切充直宏文館，其餘並請停減。冀得典故不煩。」〔註55〕從此，學士的
等級與官員的品階建立起了對應關係。

　　（乙）崇文館：《唐六典》卷二十六《太子三師三少詹事府左右春坊內官》
注釋崇文館學士時指出「魏文帝招文儒之士，始置崇文館，王肅以散騎常侍
領崇文館祭酒。自後無聞。」〔註56〕崇文館設立於唐太宗貞觀十三年（639年），
隸屬東宮左春坊，初名崇賢館，置學士、直學士若干，掌經籍圖書和教授諸
王。唐高宗顯慶元年（656年）三月十六日，皇太子李弘「請於崇賢館置學士，
並置生徒，詔許之。始置二十員，其東宮三師三少、賓客詹事、左右庶子、

〔註53〕《唐六典》卷八《門下省》，第254頁。
〔註54〕《唐會要》卷六十四《宏文館》，第1114頁。
〔註55〕《唐會要》卷六十四《宏文館》，第1116頁。
〔註56〕《唐六典》卷二十六《太子三師三少詹事府左右春坊內官》，第665頁。

左右衛率，及崇賢館三品學士子孫，亦宜通取。」〔註57〕龍朔二年（662年）改隸桂坊，不久復隸左春坊。上元二年（675年）八月，避太子李賢諱改為崇文館。由於崇文館的教師和弘文館一樣由其他官員兼任，因此也不常置，「學士、直學士及讎校，皆無常員，無其人則（太子左、右）庶子領館事。」〔註58〕弘文館學士與兼任官員品階對應後，崇文館也進行了同樣的改革，雖然時間記載史無明文，但推想當在唐穆宗改革弘文館學士制度前後。

2、崇玄學：李唐皇帝附會為老子的後代，尊崇道教，不僅為老子加尊號，還設立了專門的學校推廣道學，並且在科舉考試中創設道舉一科。天寶元年（742年）二月丁亥，唐玄宗為老子「加尊號為開元天寶聖文神武皇帝。……崇玄學置博士、助教各一員，學生一百人。」〔註59〕崇玄學具備了學校的性質，招生資格與國子監的最高學館國子學相同，只有高級官員子弟才有入學資格。學生可以依明經例參加禮部舉行的道舉考試。既然老子被尊奉為皇帝後，崇玄學解除了與鴻臚寺的隸屬關係，轉而隸屬於負責皇帝宗親事務的宗正寺，原來的博士、助教也被改稱為學士，地位提高，「（天寶）二年正月十五日，改崇元（玄）學為崇元（玄）館，博士為學士，助教為直學士，置大學士二員。天下諸郡崇元（玄）學，改為通道學，博士為學士。」〔註60〕甚至連地方各郡的崇玄學博士也改稱學士，反映了道教在唐玄宗時期特殊的政治地位。

關於崇玄學設立的時間，史書記載不一，大體有以下兩種說法：一是認為設立於唐玄宗開元二十九年（741年），以《唐書》卷五《玄宗本紀》、《唐會要》卷七七《崇元生附道舉》和《唐會要》卷六四《崇元館》為是；第二種記載以《資治通鑒》卷二一五《玄宗天寶五載》記載為代表，認為時間在唐玄宗開元二十五年（737年）。宋大川等學者分析之後認為開元二十五年的記載不正確，崇玄學設立應該在開元二十九年（741年）正月之後。姑且不論三種說法哪種更合理，我們可以肯定的是崇玄學的設立是在開元二十五年之後。那麼既然早在唐高祖李淵建唐之始就已經尊老子為祖先，儒學教育體系早已十分完備，而崇玄學校卻直到玄宗時才設立，原因何在呢？筆者認為原因可能有以下幾點：首先，經濟條件允許。唐代經過高祖、太宗等幾代皇帝

〔註57〕《唐會要》卷六十四《崇文館》，第1117頁。
〔註58〕《新唐書》卷四十九上《東宮官》，第1294頁。
〔註59〕《舊唐書》卷九《玄宗本紀》，第215頁。
〔註60〕《唐會要》卷六十四《崇元館》，第1122頁。

的苦心經營，至開元後期社會已經相當繁榮，有增設學校、擴建校舍、擴大生員的經濟基礎。而唐高祖時期，剛剛經歷過農民戰爭的洗禮，經濟凋敝、滿目瘡痍，統治者必須有所作為才能穩定他的統治基礎，當時不具備無為而治、大力崇玄的條件。第二，從唐高祖崇儒以來，儒學的教化作用已經取得了顯著的效果，社會已然穩定。加之，儒學本身開始陷入僵化，無法及時提供解決社會問題的方法。於是，玄宗力圖模仿儒學，建立從上到下的一整套玄學體系，進一步達到教化百姓，穩固人心的作用。第三，玄宗早期的勵精圖治使社會得到穩定，經濟繁榮。於是他逐漸產生享樂的思想，老子的無為之治，可以使百官息欲，子民無求，既然天下人都無欲無求，皇帝也就可以高枕無憂了。此外，尊奉老子為祖先也有希冀得到其福祐的意圖。

3、國子監七學：國子學、太學、四門學、廣文館、書學、算學、律學（包括東都、西京國子監，七學又稱為學館，簡稱分別為：國子館、太學館、四門館、廣文館、書學館、算學館、律學館）。

（甲）國子學：國子學最初創立於咸寧二年（267 年），晉武帝在整頓太學的基礎上，為門閥士族子弟所別立的學校。效法《周禮》規定「師氏掌以媺詔王，居虎門之左，……司王朝，掌國中失之事，以教國子弟。凡國之貴遊子弟學焉。」國子學便取國之貴遊子弟受教於師者之意。唐高祖武德初〔註61〕，改國子監為國子學，唐太宗貞觀元年（627 年）改國子學為國子監，轄國子、太學、四門、書、算、等六館，唐玄宗天寶九載（750 年）增設廣文館，國子監增轄七館。其所屬國子館可收學生三百人，東都國子監設立後，學生開始分於兩都教授。自安史之亂後國子監學生流散，代宗永泰之後，東西監學生總數僅有六百五十員，還不到原來四門一館人數的一半，且只確定了兩京國子監的招生總數，未確定各館的具體定額。直至元和十二年（817年）才定制招生數量，西京國子館八十人，東都國子館十五人。國子館主要招收三品以上官員的子孫，《唐書》卷四四《選舉志上》記載：「以文武三品以上子孫，若從二品以上曾孫及勳官二品、縣公、京官四品帶三品勳封之子為之」〔註62〕。

〔註61〕當在武德二年六月前，因為《舊唐書·高祖本紀》記載武德二年六月令國子學立周公、孔子廟，四時致祭，因此將隋代國子監改為國子學當在武德二年六月之前。

〔註62〕《新唐書》卷四四《選舉志》，第 1159 頁。

（乙）太學：最初設立於公元 124 年，漢武帝接受董仲舒、公孫弘等人的建議設立。《禮記‧保傅篇》曰：「（帝）入太學，承師而問道。」《易傳‧太初篇》曰：「天子旦入東學，畫入南學，暮入西學。在中央曰太學，天子之所自學也。」太學之意便取自此。隋仁壽元年（601 年），廢國子學，唯剩太學一所，設太學博士五人，總領教育事務。唐代太學主要招收五品以上官員的子孫，太學館可招五百人，東都太學館設立後，太學生也分在兩京教授，安史之亂後國子監學生流散，直到元和十二年（817 年）才重新定制，西京太學館七十人，東都太學館可招十五人。太學生以文武「五品以上子孫、職事官五品期親，若三品曾孫，及勳官三品以上有封之子為之」〔註63〕。

（丙）四門學：始置於北魏太和二十年（495 年），《後魏書》劉芳向孝文帝上表，曰：「云太和二十年，立四門博士，於四門置學。按《禮記》曰『天子設四學』，鄭元注曰『四郊之虞庠也』。今以其遼遠，故置於四門。請移與太學同處。」孝文帝從之。可見四門學的名稱取天子設學於四門之意。北齊也設置了四門學，但其性質相當於現代的小學教育。隋代承襲北魏、北齊的制度，為了培養適應立國之初急需的大批合格的下層行政官員，隋文帝依照漢魏太學培養博士弟子的辦法，抬高四門學的地位，與國子學、太學一樣，讓「生徒受業，陞進於朝」，直接從學校入仕。唐代四門學「生千三百人，其五百人以勳官三品以上無封、四品有封及文武七品以上子為之，八百人以庶人之俊異者為之」〔註64〕主要招收庶民子弟及中下級官員子弟。元和十二年（817 年）招生人數降低為：西京四門館三百員，東都五十員。

（丁）廣文館：廣文館創設於唐玄宗時期，《文獻通考》卷四十一《學校考二》「帝愛鄭虔之材，欲置左右，以其不事事，更為置廣文館，以虔為博士。虔聞命，不知廣文曹司何在，訴宰相。宰相曰：『上增國學，置廣文館以居賢者，令後世言廣文博士自君始，不亦美乎？』虔乃就職。」〔註65〕完全是唐玄宗為鄭虔所設，用以教授生徒修習進士業者。《舊唐書》卷九《玄宗紀下》記載廣文館設立於天寶九載（750 年），「（天寶九載）秋七月己亥，國子監置廣文館，領生徒為進士業者。」《唐會要》卷六十六《廣文館》、《唐摭言》卷一以及《文獻通考》記載廣文館的設置時間均與此同。《唐語林校正》卷二 187

〔註63〕《新唐書》卷四四《選舉志》，第 1159 頁。

〔註64〕《新唐書》卷四四《選舉志》，第 1159 頁。

〔註65〕《文獻通考》卷四十一《學校考二》，第 392 頁。

條記為天寶中也無可厚非。而《唐國史補》卷中稱「天寶五年置廣文館」實為謬誤；《唐才子傳》卷二《鄭虔》「開元二十五年，為更置廣文館，虔為博士。廣文博士自虔始」，認為廣文館設置時間在開元二十五年，更是謬之千里。因為據《唐書》卷二百二《鄭虔傳》記載鄭虔天寶初始為協律郎，因私修國史被貶謫十年，之後入京師，被玄宗賜官廣文館博士，並為其在國學之中設立廣文曹司，那麼由此可見其被任命為廣文館博士的時間最早在天寶九載（750 年），不可能為天寶五載（746 年），開元二十五（737）年之說則更屬無稽。

廣文館設立之後，還在東都國子監內設立了分館。廣文館設立之後，未見對於其招生人數進行限定的材料。直到元和十二年（817 年）重新規定兩京國子監每館學生的員額時，才有定制：西京廣文館六十人，東都廣文館量置學生十員。廣文館在設立之後由於學館年久失修被雨水浸壞，故而移入國子館，一直到唐末。〔註 66〕

（戊）書學：中國關於書法教育的歷史非常早，「《代本》：『蒼頡作書。』《周禮》：『保氏教以六藝，其五曰『六書』。』鄭司農云：『象形、會意、轉注、處事、假借、諧聲也。』古謂之小學。《漢書・食貨志》曰：『八歲入小學，學六甲、五方、書計之事。』晉衛恒《字勢》曰：『昔黃帝有沮誦、蒼頡，始作書契，蓋睹鳥跡以興思也。秦壞古文。有八體：一曰大篆，二曰小篆，三曰刻符，四曰蟲書，五曰摹印，六曰署書，七曰殳書，八曰隸書。王莽時，甄豐校文字，復有六書：一曰古文，二曰奇字，三曰篆書，四曰佐書，五曰繆篆，六曰鳥書。』自漢已來，不見其職。」〔註 67〕專業書學教師的出現早於學校的設立。早在西晉時期，荀勗「領秘書監，與中書令張華依劉向《別錄》，整理記籍。又立書學博士，置弟子教習，以鍾、胡為法」〔註 68〕。《南齊書》則記載：「晉秘書閣有令史，見《晉令》，令亦置令史、正書及弟子，皆典教書畫。」〔註 69〕兩晉時期的官辦書學教育主要侷限於朝廷的相關機構，

〔註 66〕關於廣文館的存在時間問題，學界存在爭議，廖建琦在《唐代國子監的學科設置》，《集美大學學報》2002 年 3 月第 1 期中對這一問題進行了深入考證，認為廣文館只是在屋宇損壞之後搬入國子館，但它終唐之世都未曾中止，一直存在於國子監中。

〔註 67〕《唐六典》卷二十一《國子監》，第 562 頁。

〔註 68〕《晉書》卷三十九《荀勗傳》，第 1154 頁。

〔註 69〕《南齊書》卷十六《百官志》，第 324 頁。

南北朝時應該已經出現了比較正式的學校。西魏文帝於大統十三年（547年）釋奠於書學。《周書》卷四七《藝術·冀俊傳》中也說：「時俗入書學者亦行束脩之禮，謂之謝章。俊以書字所興，起自倉頡，若同常俗，未為合禮。遂啟太祖，釋奠倉頡及先聖先師。」既然書學已經有專門的禮儀出現，並且與儒學禮儀一般無二，可以斷定必然已經出現較為完善的學校系統。因此《中國教育制度通史》中稱書學制度始置於隋，似乎有失恰切。唐高祖時並未有書學，唐太宗貞觀二年（628年）才開始設置。書學招收八品以下子及庶人之通其學者為之，最初有三十人，龍朔後均分於兩京教授，元和十二年（817年）招生數量減少，西京書館招生十人，東都僅三人。

（己）算學：北魏時已經出現算生博士，殷紹「好陰陽術數，遊學諸方，達《九章》、《七曜》。世祖時為算生博士」〔註70〕《魏書》卷七十九《范紹傳》中說：范紹「太和初，充太學生，轉算生。這些事例都證實了算學教育的開始。但算學學校見諸典章的設立時間是隋朝，隋初置算學博士一人，後增加為二人，從九品下；助教二人，學生定額為八十人。唐貞觀二年（628年）設置算學，招收學生三十人，東都算學館成立後，學生分於兩京教授，唐憲宗元和十二年（817年）定為西京算館招生十員、東都二員。和律、書學一樣，招生範圍是八品以下子及庶人之通其學者。

（庚）律學：律學學官最早出現在魏明帝時期，衛覬進奏魏明帝說：「《九章》之律，自古所傳，斷定刑律，其義微妙。百里長吏，皆宜知律。刑法者，國家之所貴重，而私議之所輕賤；獄吏者，百姓之所縣命，而選用之所卑下。王政之弊，未必不由此也。請置律博士，轉相教授。」事遂施行。〔註71〕《唐六典》中載錄了魏晉南北朝律博士的變置情況：「《晉·百官志》：廷尉官屬有律博士員……東晉、宋、齊並同。梁天監四年，廷尉官屬置胄子律博士，位視員外郎，第三班。陳律博士秩六百石，品第八。後魏初，律博士第六品中；太和二十二年，為第九品上。北齊大理寺官屬有律博士四人，第九品上」〔註72〕，雖有教師但不見有律學生徒的記載，可見律學教育的建制並不完善。隋朝律學校正式設立，隸屬於大理寺。律學博士，正九品上。唐高宗顯慶元年（656年）尚書左僕射于志寧奏置律學，初定學生為五十人，龍朔二年（662

〔註70〕《魏書》卷九十一《殷紹傳》，第1955頁。
〔註71〕《三國志·魏書》卷二十一《衛覬傳》，第611頁。
〔註72〕《唐六典》卷二十一《國子監》，第561頁。

年）將二十五個學生均分給設於東都的律學館，學生分別在兩京受業，唐憲宗元和十二年（817年）定制西京律館二十員，東都十員。也是招收八品以下子及庶人之通其學者。

4、地方官學

地方官學是依附於地方行政機構而存在的，要瞭解地方官學的情況必須搞清楚地方的行政建制。秦、西漢，以郡統縣，地方官府分為郡縣二級。自東漢開始，郡以上又出現了由監察機構演化而來的州。東晉眾建諸州，行政區劃與郡相近的州，也逐步演變為地方行政機關。隋唐廢郡存州，州郡合為一體。地方官學的設立，始於漢景帝時，文翁於蜀郡創建郡學，但當時並非政府行為，而僅僅出於地方長官的個人意願。《漢書》詳細記載了這件事：

> 文翁，廬江舒人也。少好學，通《春秋》，以郡縣吏察舉。景帝末，為蜀郡守，仁愛好教化。見蜀地辟陋有蠻夷風，文翁欲誘進之，乃選郡縣小吏開敏有材者張叔等十餘人親自飭屬，遣詣京師，受業博士，或學律令。減省少府用度，買刀布蜀物，齎計吏以遺博士。數歲，蜀生皆成就還歸，文翁以為右職，用次察舉，官有至郡守刺史者。又修起學官於成都市中，招下縣子弟以為學官弟子，為除更徭，高者以補郡縣吏，次為孝悌力田。常選學官僮子，使在便坐受事。每出行縣，益從學官諸生明經飭行者與俱，使傳教令，出入閨閣。縣邑吏民見而榮之，數年，爭欲為學官弟子，富人至出錢以求之。由是大化，蜀地學於京師者比齊魯焉。至武帝時，乃令天下郡國皆立學校官，自文翁為之始云。

文翁設立郡學影響深遠，不但自己獲得了百姓的尊重「終於蜀，吏民為立祠堂，歲時祭祀不絕」，還開啟了巴蜀好文雅的風俗，「至今巴蜀好文雅，文翁之化也」。他的傑出政績也得到了政府的肯定，漢武帝時正式下令天下郡國普遍設立學校和學官，地方官學制度正式建立。縣學之設，始於漢代辰陽縣令宋均創建的辰陽學校。

唐代地方官學進一步普及，在全國府、州、郡、縣普遍設立官學，建立了從中央到地方完備的封建教育體制。地方學校是根據地方行政區劃而定的。貞觀時期將全國分為十道，開元時增加為十五道。每一道統轄若干府或州，府州之下為縣。而一縣之內又分為鄉及市鎮等。大致以縣為單位，由縣而府、州而道，共三級。在學制方面，政府有所定制的通常只有府、州學和

縣學兩級。按照各地管轄範圍大小和人口多寡，各個行政級別的地方學校招生人數都有較為嚴格的定制。《唐書》卷四四《選舉志》詳細記載了地方官學的招生數量，「京都學生八十人，大都督、中都督府、上州各六十人，下都督府、中州各五十人，下州四十人。」其中京都學生指京兆、河南、太原府三府所屬官學學生。但是關於縣級招生人數史書記載中存在分歧，如京縣，京縣指西京、東都、太原三京所屬萬年、長安、河南、洛陽、奉先、太原、晉陽等縣。《唐書》記載招生人數分別為，「京縣五十人，上縣四十人，中縣、中下縣各三十五人，下縣二十人。」但是《唐六典》卷三十《三府督護州縣官吏》、《舊唐書》卷四四記載京兆、河南、太原諸縣學生四十人，中縣、下縣均為二十五人，由於難於考證，此處以《唐六典》與《舊唐書》為準。各地方官學都有博士、助教，依照所屬地方政府行政級別的高低，博士、助教的品秩也有區別。府博士按府的大小、級別，分別為：京兆府、河南府、太原府等和大都督府，各設經學博士一人，從八品上；中、下都督府各有經學博士一人，從八品下。各州博士的品秩分別為：上州經學博士一人，從八品下；中州經學博士一人，正九品上；下州經學博士一人，正九品下。各州、府、縣助教，和各縣博士，均無品秩。〔註73〕

各府州縣學生都是一般庶民子弟，學校教育大致相當於現代中學教育。其課程雖然也讀九經，但不過粗通文義，要求掌握的程度也比較低，學生不直接參加科舉，而是為四門學培養輸送生員。開元二十一年（733年）五月曾規定，「諸州縣學生年二十五已下，八品九品子，若庶人生年二十一已下，通一經已上；及未通經，精神通悟，有文詞史學者，每年銓量舉選，所司簡試，聽入四門學充俊士。」〔註74〕通一經以上，或者未通經，但聰明有文詞、史學者就可以入四門學了。另外，州縣學生還參加地方公私吉凶禮儀，「諸州縣學生專習正業之外，仍令兼習吉凶禮。公私禮有事處，令示儀式，餘皆不得輒使。」〔註75〕即學習化民善俗的教化知識，這也是地方官學區別於中央國子監各學的地方。

在此，有必要明確地方官學的特點。唐代官學均為廟學一體的建制，因此都具有祭祀與教學的雙重功能。但相對於中央官學，地方學校都把孔廟作

〔註73〕以上學官設置、品秩參見《舊唐書》卷四十四《職官志》，第1915～1918頁。
〔註74〕《唐會要》卷三十五《學校》，第634頁。
〔註75〕《唐會要》卷三十五《學校》，第634頁。

為學校的主體建築，學校建築中主體建築是孔廟，教學建築依附於孔廟，廟祀的重要性也大於教學功能。尤其到唐後期，由於社會政治、經濟形勢的影響，地方官學多僅存孔廟，而缺教師生員，地方學校乏教授之實。地方官員的政績也多以修復孔廟為一重要標準，而不見有修建、增設學舍的記載，馬端臨在《文獻通考》卷四十三《學校考四》中下按語曰：「自唐以來，州縣莫不有學，則凡學莫不有先聖之廟矣。然考之前賢文集，如柳子厚《柳州文宣王廟碑》與歐公此記〔註76〕及劉公是《新息縣鹽城縣夫子廟記》，皆言廟而不及學，蓋衰亂之後，荒陋之邦，往往庠序頹圮，教養廢弛，而文廟獨存。長吏之有識者，以興學立教其事重而費鉅，故姑葺文廟，俾不廢夫子之祠，所謂猶賢乎已。」〔註77〕這種情況一方面說明地方財政拮据，另一方面卻反映了作為體現地方教化程度的地方官學體系中，孔廟的意義要大於實際的教學功用，教學是地方行政的附庸，這是教育尚處於發展期的一種表現。

二、其餘政府機構的教育部門簡述〔註78〕

除了以上的一些與科舉有關的教育部門之外，唐代一些政府機關還設置了旨在培養本部門後備力量的教育機構，這些機構中學生的教育管理由相應職能部門的官員擔任。這些教育機構有秘書省的太史曹，內侍省的掖庭局，太常寺的太卜署，太常寺下屬的醫學以及各地方學校的醫博士弟子等等，這些機構所培養的學生，是國家的專門人才，畢業後基本在本部門從事專業工作。這些學校的淵源在下面文字中進行了粗淺的勾勒。

1、醫學　醫學最早記載出現在南朝宋文帝時，元嘉二十年（443年），太醫令秦承祖奏置醫學，以廣教生徒，元嘉三十年（453年）遣散。〔註79〕《魏書‧官氏志》記載早在北魏時就已經出現太醫博士與太醫助教，宣武帝曾經頒發立醫館的詔令。隋開皇初，太醫署設有主藥、醫師、藥園師、醫博士、醫助教、按摩博士、祝禁博士等官職。隋煬帝大業三年（607年），又增置醫監、醫正等職務。隋代太醫署設有醫學，主要教授學生各種醫術。唐承隋制，醫學教育更加發達完善，醫學分為四科一局：醫師科、針師科、按摩科、咒

〔註76〕即前文所引歐陽氏《襄州穀城縣夫子廟記》。
〔註77〕《文獻通考》卷四十三《學校考四》，第411頁。
〔註78〕以下內容多參照兩《唐書》、《唐六典》及《中國教育制度通史》第二卷《魏晉南北朝　隋唐》職業教育制度部分。
〔註79〕參見《唐六典》卷十四「醫博士」注。

禁科和藥園局。醫師科教授學生傳統醫學的診斷和治療方法，針師科教針生以經學脈絡，使識浮沉澀滑等脈象，按摩科教授學生經絡和穴位的按摩方法，祝禁科則以民間各種驅邪治病的手勢、步法、身法及咒語教授學生。隋代的藥學科發展為唐代的藥園局，教授學生辨別各種藥物的產地、良莠、藥性及種植方法，太醫署教師負擔繁重的教學任務，還經常到民間施醫送藥，進行治病、防病工作。唐代在各地方府、州、縣等均設有醫博士，負責教授各地學生。

2、司天臺　隋文帝開皇初，置太史曹，隸屬秘書省。唐高祖武德四年（621年）改稱太史局，之後時常改名，「龍朔二年改為秘閣局，久視元年改為渾儀監。景雲元年改為太史監，復為太史局，隸秘書。乾元元年三月十九日敕，改太史監為司天臺，改置官屬。」〔註80〕此後名稱一直相沿不改。司天臺下設四個職能部門：司曆、監侯、靈臺、漏刻。各部門相應的設有五官保章正、五官監侯、五官靈臺郎、漏刻典事、漏刻博士等，分別招收學生，這些學生在跟隨教官學習各自的專業知識的同時，也參加實踐工作。此外，唐代司天臺另設有通玄院，各地有通曉天文學的人來京時居於此院，講授天文知識，交流學習經驗，通玄院設有五官禮生十五人。

3、太僕寺　太僕之職早在周代就已經出現，《周官》有太僕下大夫，「掌正王之服位，出入王之大命」，「一云周穆王置太僕正，以伯冏為之，掌輿馬。」〔註81〕後代均設有太僕一職，名稱或為太御或為太僕卿，職掌無甚變化。北齊設太僕寺，隋因之。唐承隋制，依舊設置太僕寺。唐高宗龍朔二年（662年）改為司馭寺，咸亨元年復為太僕寺，光宅元年改為司僕寺，神龍元年又為太僕寺，此後名稱一直沿用。從隋代開始，太僕寺開始招收學生，唐代太僕寺設有獸醫、獸醫博士，掌教授學生，學生由庶人子弟充，考試其業以錄取，學成之後補為獸醫；藝業優者，進為博士。隋總共有獸醫、博士一百二十人，唐初依舊，到了永徽時博士增加為四人，獸醫六百人，總共六百零四人，大大超出隋朝的規模。

4、太卜署　唐代太卜署，隸屬太常寺。開皇初創置，設有太卜博士、助教，相博士、助教等。隋煬帝大業三年（607年）省博士員，置太卜正二十人，以掌占卜和教學之事。唐代省相博士、助教，依舊設置卜博士二人、助

〔註80〕《舊唐書》卷四十三《職官志》，第1855頁注解。
〔註81〕《文獻通考》卷五十六《職官考》，第505頁。

－39－

教二人，此外又增加了巫師十五人，掌教學生占卜之法和驅鬼術，學生業成後，留本署就業。

5、掖庭局

掖庭局隸屬內侍省，是專管後宮事務的部門。唐初置文學館，隸中書省，以有儒學者一人為學士，掌教宮人。武則天如意元年（629 年）改稱習藝館，後又改為萬林內教坊，不久即改回習藝館。當時習藝館內設內教博士十八人，經學五人，史、子、集三人，楷書二人，莊、老、太一、篆書、律令、吟詠、飛白書、算、棋教師各一人。開元末習藝館廢，置宮教博士，隸內侍省。「掌教習宮人書算眾藝。」〔註82〕專門教授內廷宮人書法、算術和其他各種技藝。

由以上各個部門教師的設置可以看出，教師的分類越來越細，員額也普遍設，職業教育機構逐步完善，反映了封建統治者對某些專業性較強的部門官員專業素質要求的提高，是社會文明與進步的體現。不同機構教師的品階高低反映了國家對於不同專業的重視程度，儒學教師的品階普遍高於其他學科教師，證明唐代的統治思想仍然是以儒學為主，儒學是教學的主體。而律學官員品級高於書學和算學官員，說明法律作為治理國家的工具，比起為國家施政起輔助作用的書畫、算術，在國家管理過程中作用大，地位要高。而醫學作為社會機構的服務部門，比起行政部門及行政輔助機構，地位要低得多。但從醫學官員的設置來看，他所屬的醫官數量卻又大大超過其他部門的教師，原因在於醫藥衛生部門是國家機器正常運行的保障，是社會穩定的前提，所以醫學官員雖然設置眾多，工作依然非常繁重。這也正是地方學校設立醫學，而沒有設置其他職業學校的原因。

第三節　唐代官學的衰落原因探析

唐代官學教育多姿多彩，各個學科均得到發展，有很多原因。其中，儒家文化是思想根源。孔子所創立的早期儒家思想是強調人才多方面發展的，他主張教學生以「六藝」，即禮、樂、射、御、書、數。「禮，五禮之義。樂，六樂之歌舞。射，五射之法。御，五御之節。書，六書之品。數，九數之計。」但自從董仲舒強調「罷黜百家、獨尊儒術」開始，儒學便獲得了獨尊的地位，經學獲得發展，成為儒學主要關懷的對象，其他五藝卻逐漸被遺落。魏晉玄

〔註82〕《舊唐書》卷四十四《職官志》，第 1871 頁。

學的興起，佛教的盛行，打破了儒學獨尊的地位。儒學在與二者的競爭中，以其獨特的包容性，吸收二家的營養，促進自身的發展，在進行自我改造的同時，重新拾起被遺落的早期儒學的某些主張，使六藝重新得到人們的重視，儒學也以其新的面貌被廣大統治者所接受。在這種思想的引導下，早在隋朝以前，玄學、史學、醫學等各種傳授專門技藝的學校已經陸續開始建立，是儒學獨尊地位被打破的結果，唐朝建立之後，把這種制度固定下來，中央官學出現多樣化的趨勢，不但有專門的經學校，還出現了書學、算學、律學等實科學校，曾經與儒學競爭的玄學也設立了專門的學校傳授道教思想。反映了唐代自信開放，兼容並包的宏大氣魄和胸襟，重視發揮各種人才的創造性和進取精神，從而造就了經濟文化的空前大發展。

　　唐代官學興盛外部環境起了很大作用

　　首先是有寬鬆的政治環境，統治者的崇儒政策為學校教育的發展提供了堅實的基礎，這種條件為學術的發展和創作提供了自由的空間。而統治者的決策是由社會背景決定的。自東漢末年社會動盪至隋初，社會正在從戰亂頻仍走向大統一，社會需求的變化必然導致崇尚武力的政策被文以經國的政策所代替。學者李浩認為，從魏晉迄隋唐，「關中本位政策」經歷了軍事戰爭、建政伊始與和平發展三個時期，其發展也經歷了三個階段：文武分途階段（純用武人、重武輕文）；文武合一階段和重文輕武階段。隋及唐初是由武到文轉變的完成階段。唐朝制定的崇儒政策是在這種背景下制定的。和平時期需要專業的人才，唐代官學適應形勢，既考慮到政府各個部門對各種專業人才的需要；又顧及到人之才性各有所偏重，使有一技之長者皆被網羅，於科舉中針對不同的專業設置了明經、進士、明法、明書、明算等各科，以免朝廷有遺賢之憾。唐初注重選賢任能，唐太宗曾自豪的宣稱：「天下英雄入吾彀中矣！」〔註83〕

　　其次，紙的普遍與廣泛流通，為圖書的大量印發提供了最基本的條件。雖然西漢已經有了紙的發明，蔡倫改進了造紙的技術，但紙作為書寫工具仍然不能普及。書籍得之不易，知識傳播不廣，獲得知識所需投資太多，所以受到良好儒學教育的士子仍然很有限，於是經學主要集中在一些士族範圍之內，被特權階級所壟斷。經過魏晉南北朝至隋唐，紙的種類增多，性能改進，產量大增，紙的使用已經不限於達官貴人而是普及到社會各個階層。皇帝的

〔註83〕《唐摭言》卷一《述進士上篇》，第7頁。

詔書、大臣的奏疏、到尋常百姓的書信，文人們的著述廣泛使用不同種類的紙，使學校學術著作的撰寫更加方便，課本的流傳與普及更加便捷，明代胡應麟《少石山房筆叢》稱：「雕版肇於隋，行於唐世，括於五代，精於宋人。」雕版印刷術在唐代已經開始使用，民間官府都接受了使用雕版印刷的書籍，對學術著作的流傳和學術研究的開展都有推動作用。

　　但是唐代官學並非一直興盛，高宗武則天之後，官學便開始衰落。對此，唐代人早已有大量的論述。官學衰落的原因錯綜複雜，既有政治背景的影響，又有經濟情況的制約，除了這兩種籠而統之的、對教育發展起決定性影響的因素之外，唐代官學衰落還有一些更為重要的原因，主要集中在儒學自身的演變與科舉制度的發展兩個方面。

一、儒學對唐代官學的影響

（一）漢代官學統一教材頒布後儒學的發展狀況

　　先秦儒家的作品在漢代被奉為經典之後，學者們只能對其進行注釋，而不能改變原文，由此而產生了傳、章句、注、解等釋書文體。儒家學術研究以此種形式繁衍，去古愈遠，經書就愈加難懂。層層的注解，不免產生諸多分歧，於是魏晉以降又出現了一種對注解或章句進行解釋、從而加以疏通的新文體，即正義、疏或義疏。章句是對經文進行詮釋，疏則必須密切聯繫注，這就是通常所說的「注宜從經，疏不破注」，儒家經典注說繁多，釋義各成一家，不免產生諸多分歧。加之，自漢代以來的今古文之爭，讖緯迷信對經典的衝擊，都使儒家內部矛盾重重，無法滿足統一思想的需求。唐朝初年，唐太宗為了統一南北經學、使學校有統一的教材，從而統一思想，下旨令顏師古校正《五經》，糾正文字上的訛謬。隨後又命國子祭酒孔穎達與顏師古、司馬才章、王恭以及王琰等人，在顏師古考訂五經的基礎上，彙集儒家各種注釋，本著「疏不破注」的原則，刪繁就簡，去偽存真、辨析義理，糾編劃一，撰成《五經義贊》170 卷，書成後，太宗下詔改名《五經正義》，頒行天下。〔註84〕自永徽四年（653 年）三月，頒發全國，詔令「每年明經令依此考試」〔註85〕。《五經正義》的注文雖然以南學為主，北學次之，而義疏卻南北之學兼收並蓄，取長避短，注文保存了漢儒的基本成就，疏文兼綜南北，是此前經學

〔註84〕《冊府元龜》卷六〇六《學校部·注釋》，第 7276 頁。
〔註85〕《舊唐書》卷四《高宗本紀》，第 71 頁。

成就的總結性成果。

《五經正義》的頒行標誌著南北經學的統一，滿足了人們系統準確地瞭解和掌握典籍的需要，有著相當重要的現實意義。但由於統治階級過分強調經典注疏在科舉取士中的作用，將其奉為科舉考試的評判標準，甚至詩賦、判文也要以儒家經典為基礎。於是《五經正義》被官、私學校奉為金科玉律，成為不刊之作。但考試範疇的固定化與評卷標準的統一，大大限制了儒家學說的發展，鉗制了思想的改造與更新，使儒家文化失去了進取精神而變成僵化的教條和空疏無用之學。這種死板的教學內容與考試模式逐步成為限制讀書人思考的桎梏，因而《五經正義》自從頒布以後，就使儒家思想慢慢失去生機，處於死氣沉沉的狀態，與儒家經世治用的傳統相背離，未能隨時應變，逐漸不能滿足現實的統治需要。儒學這種狀態對統治者與學官產生了極大影響。

首先，統治者對待儒學的態度發生轉變。唐高祖、太宗時崇尚儒學，認為儒學是政治之本，大力支持學術研究與學校建設，此時儒學繁盛，學校獲得了很大發展。但自唐高宗、武則天之後，儒學失去了統治者的青睞，開始走向衰落。統治者對待儒學態度的變化，影響因素是多方面的，但是主要原因還在於儒學自身不能滿足統治者的統治需要。既然以《五經正義》統一起來的儒家思想根本無法為解決現實問題提供良策，那麼必須要由其他的思想來補充，為解決現實問題服務，佛、道順理成章的成為儒學的補給品。喪失了統治者的支持，儒學校的衰落也是情理中事。

雖然儒學雖無法滿足統治需要，導致統治者不斷從佛、道二教中尋求幫助，但唐代的歷朝皇帝卻都打著崇儒的旗號，一再強調儒學是治世之本。這是因為儒學長期以來所形成的理論體系，以及其所倡導的綱常名教、治國之道等內容，關係到統治基礎，這種成熟的思想體系是其他任何一種思想都無法替代的。儒家思想雖已陷入僵化狀態，卻仍然秉承著傳統的經世治用思想而不曾改變，只是由於未能與時俱進，使其暫時無法為解決不斷湧現的社會問題提供良策。唐中期以後的統治者為了使儒學能夠重新承擔起文化意識主體的角色，鼓勵研究經學，增加經學科目，如三傳科、三史科等，給予經學成績優異者提供更快的入仕途徑，並在科舉及第後免任散官，直接授予職事官，減少守選年限等鼓勵措施，用以促進儒學自身的發展。但積重難返，直至經學難以擺脫困頓的局面，官學教育也難以重現當年的盛況。

其次，學官整體學術水準的降低。

唐初的學官勘定了《五經正義》，使各級學校有了統一的教材，儒學在初唐統治者的支持下，獲得了至高無上的地位，儒家經典獲得了無可置疑的權威性。天下儒生恪守「疏不破注」的信條，使儒學淪為僵化繁瑣的理論體系。《新唐書‧鄭覃傳》記載：「始，覃以經籍刓繆，博士陋淺不能正。」〔註86〕學官的學術水準有所降低。這個時期的學官與唐初修訂《五經正義》時的學官水準已不可同日而語。唐初修訂《五經正義》時的學官多為當時的學術俊彥。唐文宗時授權國子祭酒鄭覃負責校訂九經文字的行動，負責讎刊這次校訂活動的人員分別是起居郎周墀、水部員外郎崔球、監察御使張次宗、禮部員外郎孔溫業等，除了國子祭酒鄭覃以外，沒有一個學官參預。這與太宗朝修定《五經正義》時全部任用學官的情況形成鮮明對比，這種情況從一個側面反映了《五經正義》頒布之後，這一百多年間學官學術水平的降低。當然，學術水平低並不僅僅是學官特有的特徵，而是當是整個社會學術水平狀況的反映，這種狀況正是由於學術思想的統一、儒家經典自身的矛盾狀況所導致的。

學官水平的降低也與學者們趨易避難的取向有關。《唐六典》卷二《吏部侍郎》記載政府規定儒家經典分大經、中經和小經三類，由於大、中、小經在內容上存在差異、難易程度有區別，導致學者多趨向難度小，內容少的經書，而難度大、內容多的經典則少人問津。《唐會要》卷75《帖經條例》載開元八年（720年）國子司業李元瓘明確指出：「今明經所習，務在出身。咸以《禮記》文少，人皆競讀。《周禮》經邦之軌則，《儀禮》莊敬之楷模，《公羊》《穀梁》歷代宗習；今兩監及州縣，以獨學無友，四經殆絕。」〔註87〕同卷《明經》條載開元十六年（728年）十二月國子祭酒楊瑒之奏疏云：「今之明經，習《左氏》者十無一二，恐《左氏》之學廢。又《周禮》、《禮儀》、《公羊》、《穀梁》亦請量加優獎。」〔註88〕韓愈在《韓昌黎文集》卷18《答殷侍御書》云：近世《公羊》學幾絕，何氏注外，不見他書。〔註89〕因此，士子在準備科舉時，避難取易，「務在出身」，專挑文字少的經典攻讀。「《禮記》文少，人皆競讀」，而文字較多的《周禮》、《儀禮》、《公羊》、《穀梁》等卻無

〔註86〕《新唐書》卷一百六十五《鄭覃傳》，第5068頁。
〔註87〕《唐會要》卷七十五《帖經條例》，第1376頁。
〔註88〕《唐會要》卷七十五《明經》，第1373頁。
〔註89〕《韓昌黎文集校注》卷三《答殷侍御書》，第209頁。

人研讀，至幾近於絕的程度。趨易避難、務在出身的學習理念，對學官整體的學術水平產生了重大影響。

二、學校教育與科舉制度的脫節

唐代教育在歷史上倍受關注，清代科舉作為過時的選舉制度被掃除歷史舞臺之後，很多人在追求西方先進文明的同時，都不約而同地把矛頭對準了舊制度，科舉制度也成為被批判的對象，直到本世紀八十年代以後對於科舉制度的研究才開始步入新的歷史時期，很多學者摘下有色眼睛，開始公正客觀地審視中國古代傳統文化，科舉制度的研究也步入新的階段，取得了豐碩的成果。學校與科舉的關係歷來是中國教育史的研究課題，二者的關係也撲朔迷離。以往唐史學界對此問題很少涉及，而教育史學界的研究又不夠深入。劉海峰先生在《唐代教育與選舉制度綜論》中對二者的關係曾有過深入探討，他指出「科舉興而學校衰」是一些論者對於學校與科舉之間關係的普遍看法，其實，學校並未廢去，只是重要性下降並且逐漸淪為科舉的預備機關或者附庸而已。他指出科舉對於學校的影響是複雜而多方面的，未可一概而論，而消長變化的原因，則與整個社會經濟變化與科舉本身的發展有關。劉先生的一系列見解可謂發前人之所未發，尤其在科舉制度對學校的影響這個問題上進行了重點分析。可惜目前尚無學者從學校制度本身出發去分析學校衰落的原因，本書不揣淺陋，力圖從制度本身探究唐代學校衰落的原因。

在進入正題之前，由於涉及科舉與學校的關係，有一點需要澄清。毛禮銳先生在《中國教育史》（五南圖書出版有限公司中華民國 83 年 5 月出版）第六章第二節講道「由於偏重科舉而輕視學校，到了天寶年間便養成了『以京兆同華為榮，而不入學』的風氣，這樣就使唐代中葉以後學校衰微下來了，當然，主要還是政治和經濟的原因」，〔註90〕雖然指出學校衰微主要是政治和經濟的原因，但仍然強調偏重科舉導致了學校的衰退。這種科舉興而學校廢的觀點將科舉與學校放在了對立的立場，實際上是犯了一個邏輯性的錯誤。要辨清二者的關係需要明確一個前提，作者此處所指的學校是指包括中央和地方府、州、縣學校在內的官學。官學衰落，原因並不在於科舉受重視，有一個例子恰恰可以證明這個觀點，唐玄宗之前的唐高祖、唐太宗時代，也非常重視科舉，可學校依然非常興盛，顯而易見，重視科舉並非學校衰落的原

〔註90〕毛禮銳先生在《中國教育史》，五南圖書出版有限公司中華民國 83 年 5 月。

因。學校與科舉，二者不構成一種因果關係。學校是養士的途徑，科舉是選士的途徑，學校為科舉提供選擇的對象，二者不屬於對立的層面，而是屬於上下承接的關係。真正與官辦學校構成矛盾的是私學（以培養個人懷牒自舉的鄉貢為目的）。科舉重進士，進而重詞賦，官學卻重經學，與科舉要求相脫節，故而導致生源多流入私學，可以說偏重進士是官學衰落的重要誘因，而非直接原因。作者在後面一段也提出「唐玄宗為了挽救這種輕視學校的現象，天寶十二載（753 年）曾罷鄉貢，規定舉人必由國子和郡縣學」，罷鄉貢目的是為了讓士人從私學轉入官學，進一步說明官學與私學才是彼此消長的一對矛盾。況且，科舉包括很多科目，既有進士又有明經、明法、明書、明算等科，科舉重進士，崇尚文辭，才導致以經學為主要教學內容的官學衰落，其他幾個科舉科目則與官學的衰落無涉。因此，不能籠統的說科舉興而官學衰。

（一）官學教學沒有適應科舉需求

隋唐統治者尊崇漢代的典章制度，在教育上更是從根本上模仿漢代太學。仁壽元年（601 年）六月乙丑隋文帝在廢學詔書中，曰：「儒學之道，訓教生人，識父子君臣之義，知尊卑長幼之序，升之於朝，任之以職，故能贊理時務，弘益風範。」明確的總結了漢代教育的目的、內容。高明士先生在《隋唐貢舉制度》這篇文章中對這段詔書進行了分析，他說：「文帝廢學詔書內容，首先提出『儒學之道』，在於『識父子君臣之義，知尊卑長幼之序』，正是漢代以來學校教育的基本內涵。其次，所謂『升之於朝，任之以職』，也正是漢以來學校教育的基本目的。」〔註 91〕隋唐時期不但在教育內容、教育目的等方面以漢代為標準。教學內容也與漢代同出一轍，都是以儒家經典為教學內容，原因在於：「明經，自漢而還取士之嘉也。經也者，聖人講善之錄。志立身正，家齊國理，在乎其中。」〔註 92〕「以經術潤飾吏事」，也就是使官員成為集文化、道德、管理才能於一身的理想人才，也是唐代君主辦學的最終目的。在這樣的心理支配下，太宗統一了五經，本意是以統一經學為手段，使國家掌握對學術的控制權，從而使經學更好地為培養國家所需要的人才服務。但學校制度經太宗創建、定型後，歷代遵從、不予變動，後來逐漸不能適應現實的需求。

〔註91〕高明士：《隋唐貢舉制度》，第 60 頁。
〔註92〕《全唐文》卷五百九十六《送李孝廉及第東歸序》，第 6028 頁。

學校教材以儒家經典為主，學官以講授經義為職責，這與重文辭的科舉取士相悖。據《新唐書·選舉志》記載：「凡學六，皆隸於國子監：……凡館二：門下省有弘文館，生三十人；東宮有崇文館，生二十人。……凡《禮記》、《春秋左氏傳》為大經，《詩》、《周禮》、《儀禮》為中經，《易》、《尚書》、《春秋公羊傳》、《穀梁傳》為小經。通二經者，大經、小經各一，若中經二。通三經者，大經、中經、小經各一。通五經者，大經皆通，餘經各一，《孝經》、《論語》皆兼通之。」除了國子學、太學、四門學以外，玄宗時始設的廣文館雖然以培養進士為目標，教學內容卻也是以儒家經學為主，並不注重文辭，與國子學、太學、四門學並無二致。《新唐書·百官志》記載，「府、州、縣，各文學一人，掌以《五經》授諸生，助教一人。」可見官學基本都是以儒經為教學內容。《唐六典》卷二十一《國子監》中這樣描述學官的職責，「國子監祭酒、司業之職，掌邦國儒學訓導之政令，……凡教授之經，以《周易》、《尚書》、《周禮》、《儀禮》、《禮記》、《毛詩》、《春秋左氏傳》、《公羊傳》、《穀梁傳》各為一經；《孝經》、《論語》、《老子》，學者兼習之。……每歲終，考其學官訓導功業之多少；而為之殿最。」博士分經教授學生，助教掌輔佐博士。顯而易見，學官的教學活動是圍繞儒家經典的講授進行，但科舉考試卻不注重對經義的理解。明經科考試採取以記誦義疏為主的帖經作為考試方式，《通典》卷十五《選舉三》解釋道，「帖經者，以所習經掩其兩端，中間開唯一行，裁紙為帖，凡帖三字，隨時增損，可否不一，或得四、得五、得六者為通」，這種填空題型側重考察背誦記憶，不需要深入理解；進士科則注重文辭詩賦，更不以經學為意，於是「明經射策，不讀正經，抄撮義條，才有數卷；進士不尋史傳，唯頌舊策，共相模擬，本無實才。」後來舉人積多，故帖經之法益難，務欲落之，「至有帖孤章絕句，疑似參互者以惑之。甚者，或上抵其注，下餘一二字，使尋之難知，謂之『倒拔』。既甚難矣，而舉人則有驅聯孤絕、索幽隱為詩賦而誦習之，不過十數篇，則難者悉詳矣。其於平文大義，或多牆面焉。」〔註93〕這種考試方式，使學生們陷於對孤經絕句的記誦，而無暇顧及經文、義疏的含義，甚至對於經文的平文大義也不能理解。學生不求甚解的記誦，根本無需學官的參與，國子監的教學活動被打破，學官也變得無足輕重。官學日益衰落，「國子、太學、四門、書、律、算等，今存者三，亡者三。亡者職由厥司，存者恐不逮修。輿人有棄本之議，群生有

將壓之虞。至有博士助教，鋤犁其中，播五稼於三時，視辟雍如農郊。堂宇頹廢，磊砢屬聯，終朝之雨，流潦下淳。既夕之天，列宿上羅，群生寂寥，攸處貿遷。」〔註94〕國子監學生流失、生員不足，六學僅剩三學，房屋頹廢、不避風雨，學官百無聊賴，於國學耕稼打發時光。在這種情況下，學官的社會地位降低，士人都有了「一履學官，便為屏棄」的感覺。進士科逐漸壓過明經科，成為「士林華選」，進士及第被看作「白衣公卿」、「一品白衫」，士人均以考取進士為榮。明經科的地位一落千丈。習文辭詩賦成風，鑽研經學者被冷落。但是，官學並沒有根據這種變化來調整教育內容，逐漸背離了科舉選士的重點，官學教育日益衰落。

明經出身地位雖然降低，但明經科考試內容反而越來越難。進士科不但地位上升，考試難度卻相對有所降低。以經學為主要教學內容的官學加速了衰落。唐玄宗開元二十五年（737年）二月，朝廷對明經科、進士科的考試內容進行了改革，「今之明經進士，則古之孝廉秀才。近日以來，殊乖本意，進士以聲律為學，多昧古今。明經以帖誦為功，罕窮旨趣。安得為敦本復古，經明行修？以此登科，非選士取賢之道。其明經自今以後，每經宜帖十，取通五已上，免舊試一帖；仍按問大義十條，取通六已上，免試經策十條；今答時務策三道，取粗有文理者，與及第。其進士宜停小經，準明經帖大經十帖，取通四已上，然後準例試雜文及第者，通與及第。」〔註95〕明經除了繼續帖經之外，內容上又增加了三道時務策，並且要求應試者粗有文理，這對於整天面對儒家經典、慣於窮究經義的明經考生而言，無疑是增大了難度。在這次改革中，進士科也相應增加了考試難度，考生由帖小經改為大經，而且只有通過了帖大經的考試才能參加接下來的試雜文等項目，但是，不久之後進士科考生面臨的困境就出現了轉機，「天寶初，達奚珣、李巖相次知貢舉，進士文名高而帖落者，時或試詩放過，謂之『贖帖』」〔註96〕。允許進士科考生在帖經不合格的情況下，文名高的進士可以通過試詩取代帖經的成績，這項政策的推行又使得「多於經不精」的進士科考生不用修習經典，降低了考試難度。明經難而進士易，進一步打擊了有志於專心研讀經學的學生。官學教育沒有適應科舉考試的這個變化，導致國子監在科舉考試中中第人數降

〔註94〕《全唐文》卷五百三十二《李觀·請修太學書》，第5402頁。

〔註95〕《唐會要》卷七十五《帖經條例》，第1377頁。

〔註96〕《封氏聞見記》卷三《貢舉》，第16頁。

低，「唐興，二監舉者千百數，當選者十之二，考功覆校以第，謂經明行修，故無多少之限。今考功限天下明經、進士歲百人，二監之得無幾，然則學徒費官廩，而博士濫天祿者也。」〔註97〕至唐昭宗天祐三年（906年）國子監每年舉送生員被削減為與諸道相同，「（天祐三年正月）辛巳，國子監奏：「奉去年十一月五日敕文，應國學每年與諸道等一例解送兩人，今監生郭應圖等六十人連狀論訴。」〔註98〕

（二）官學參加科舉限制較私學嚴格

中央官學主修儒學的學生參加貢舉限制嚴格，至少要通二經才可參加貢舉，「諸學生通二經、俊士通三經已及第而願留者，四門學生補太學，太學生補國子學。」參加科舉最基本的條件是通二經。「通二經者，大經、小經各一，若中經二。」〔註99〕「凡《禮記》、《春秋左氏傳》為大經，《詩》、《周禮》、《儀禮》為中經，《易》、《尚書》、《春秋公羊傳》、《穀梁傳》為小經。……凡治《孝經》、《論語》共限一歲，《尚書》、《公羊傳》、《穀梁傳》各一歲半，《易》、《詩》、《周禮》、《儀禮》各二歲，《禮記》、《左氏傳》各三歲。」〔註100〕通二經所需年限長，通二中經時間最短，但至少也要四年，而國子監學習時間最長不能超過九年。

>　《新唐書》卷 44《選舉志》：「（國子、太學、四門等學生）並三下與在學九歲，律生六歲，不堪貢者罷歸。」即弘文、崇文二館與國子、太學、四門學以及書學、算學等學生如果在九年內累計三次在年終考評中被定為下就要面臨退學的命運。

>　《唐會要》卷 66《國子監》：憲宗於元和元年（806 年）四月准國子祭酒馮伉之議，詔曰：又準格，九年不及第者，即出監。

官學學習的最終目的是參加貢舉，在國子監學習者，九年之內如果不中便遭解退。而私學貢舉則可以不受侷限，屆考試時便可懷牒自舉，形式更為自由。官學與私學相較之下，私學更為自由，官學限制嚴格有諸多不便。唐代後期國子監的生員素質降低，多工商凡冗子弟。公卿子弟多不願相與為伍，恥入官學，韓愈於《請復國子監生徒狀》文中云：「國家典章，崇重庠序，近日趨

〔註97〕《新唐書》卷一百三十《楊瑒傳》，第 4496 頁。
〔註98〕《舊唐書》卷二十《哀帝本紀下》，第 806 頁。
〔註99〕《新唐書》卷四十四《選舉志》，第 1161 頁。
〔註100〕《新唐書》卷四十四《選舉志》，第 1160 頁。

競，未復本源。至使公卿子孫，恥遊太學；工商凡冗，或處上庠。今聖道大明，儒風復振，恐須革正，以贊鴻猷。」〔註101〕

綜上所述，科舉與官學在育人、選人環節上存在著嚴重的不協調，這也反映了科舉制度本身存在的不足，作為一項新興制度，它與許多部門的關係尚未協調好。宋代通過提高國子監的地位，取消吏部「釋褐試」，科舉及第後即授官等措施，提高了官學的地位，形成了育人、選人與用人的完整體系，官學才得以重獲振興。

三、初探官學衰落的思想根源

官學與科舉制度的矛盾，根源還在於進士科的興盛與明經科的衰落。由於進士科日益為社會所重，導致以經學為主要內容的官學教育的衰落；由於進士科重文辭，倚重自學，不需專門的學官，官學則受到嚴格的時間限制與應考限制，這樣就使隨時都可以懷牒自舉的私學有著比官學更強的優勢。這就歸結到一個問題上，就是緣何在唐代，重文辭的進士科會如此那般的受到青睞呢？有人說是因為被目為「白衣公卿」的進士及第可以致位高顯，也許這只是進士科受重視的一個結果而非成因。關於進士科盛的原因，史學界眾多前輩都做過探索，也取得了豐碩成果，大部分觀點主要從階級關係角度，認為進士代表的是新興地主階級，重視進士科是武則天為了打擊舊士族培養擁護自己的新興地主階級的手段，這種觀點可謂真知灼見，從政治統治的角度揭示了進士科興起的本源，並且得到史學界的普遍認可。既然自漢代以來大部分王朝都以儒經為治世之本，如果武則天想培養一批新生力量作為政權的擁護者，何不繼續重視明經，把傾斜在進士科上的政策同樣置於明經科，不是同樣可以達到扶持新興地主階級的目的麼？恐怕不能僅僅以儒學思想僵化，不能滿足治世之需為理由。進士科在唐代受到如此的追捧恐怕與唐代開放浪漫的社會風氣分不開，粗淺之見，待方家批評指正。

我們可以看到，重文辭的進士科開始於隋代並興盛於唐朝。漢至南北朝崇尚經學自不待言，宋代以後雖然進士科依然是士林華選，但進士科的實質已發生了重大變化，考試內容變為唐代的明經考試內容，可謂名存實亡。唐朝進士科詩賦取士，承唐代餘緒，宋神宗以前進士取士仍重視詩賦。但宋神宗即位後，時任宰相的王安石提出改革科舉制度的辦法，反對以詩賦取材的

〔註101〕《全唐文》卷五百四十九《請復國子監生徒狀》，第 5560 頁。

進士科，要求把明經等科併入進士科，並把進士科的考試內容改為以經義為
主。最終其建議得到採納，宋神宗下令罷去詩賦、帖經和墨義，要求士子各
治《易》《詩》《書》《周禮》《禮記》其中一經，兼習《論語》《孟子》。此後
的進士科不考詩賦而側重經義，名雖為進士科，實際上已經成為明經科。遼
和金是北方的游牧民族，隨著其逐步蠶食宋代的原有領土，他們都採取了「以
漢治漢」的統治方式，重視學習宋代的科舉取士制度，但是他們又變回了宋
神宗以前以詩賦取進士的方式。《契丹國志》稱遼代以「詞賦為正科」〔註102〕，
金代天德三年（1151 年）下令「罷經義策試兩科，專以詞賦取士」〔註103〕。
由於以詞賦取士，導致「文體卑弱，士習委靡」，元代統治者對唐宋至遼金的
詩賦取士產生懷疑，並最終確定經義取士，將詩賦取士排除在取士範圍之外。
此後雖詩賦與經義雖然有幾次反覆，但基本上仍然是以經義為主。明清兩代
為了追求形式上的公平，繼續採用元代的經義取士方式，維持了科舉取士以
經義為主的考選方式。

　　綜上所述，隋、唐、遼、金奉行詩賦取士，這些統治者都是少數民族或
具有少數民族的血統。關於唐朝皇室的胡族血統這一論點學界早已達成共
識。由於少數民族對於儒家思想的接受屬於半路出家，沒有根深蒂固的儒家
思想與觀念，因此他們即使接受了儒家思想，在心靈深處依然無法抹去少數
民族狂放不羈的思想痕跡。《唐鑒》謂玄宗失三綱「明皇殺三子，又納子婦於
宮中，用李林甫為相，使族滅無罪。父子、夫婦、君臣，人之所以立也，三
綱絕矣，其何以為天下乎？」〔註104〕唐玄宗納兒媳楊玉環為妃，與唐高宗納
其父唐太宗的才人為後，可謂同出一轍。都是典型地違背儒家綱常名教的行
為。此外武則天登位、韋后、太平公主、安樂公主專權，又何嘗不是對儒家
「牝雞無晨」觀念的破壞？以長安、洛陽為中心波及全國的胡服、胡樂等社
會流行元素也顯示了少數民族對中原社會風俗的影響。以上所列舉的統治者
的婚姻觀念、男女觀念，以及對待少數民族的夷夏觀念，從儒家的視角來看
都是有違綱常名教的，而這些觀念的出現與統治治者頭腦中固有的少數民族
的傳統觀念密切相關。游牧民族與漢族不同，他們沒有受到根深蒂固的儒家
傳統思想的薰染，因此對於統治思想，也是本著「拿來主義」的態度，一切

〔註102〕《契丹國志》卷二十三《試士科制》，第 227 頁。
〔註103〕《金史》卷五十一《選舉志》，第 1135 頁。
〔註104〕《唐鑒》卷五《玄宗下》，第 132 頁。

有利於社會統治的思想均拿來為我所用。

　　雖然統治者打著尊儒的旗號，但實際上，有唐一代，儒學始終未能獲得獨尊的地位〔註105〕，這就是拿來主義的典型體現。就連唐代在孔廟舉行的專門祭祀孔子的活動——釋奠禮，都允許佛、道二教參與，與儒學進行自由辯論。唐武德七年（624年）唐高祖親臨釋奠禮，當時太學博士徐文遠講《孝經》、沙門惠乘講《波若經》，道士劉進喜講《老子》；時任太學博士的陸德明難此三人，結果眾人皆為之屈。〔註106〕唐人形容唐初釋奠禮的盛況為群官道俗，皆赴監視。雖然這種行為有彰顯文化開放之用意，但從另一側面揭示了統治者崇儒政策的實質——打著崇儒的旗號，貫徹的是三者並存，為我所用的政策。唐代道教獲得了前所未有的殊榮，唐統治者以老子李耳的後人自詡，將老子奉為祖先，加尊號為皇帝，並專門設立了崇玄學，研習道家經典著作，在科舉考試中還加設了道舉科目。不少皇帝大臣相信道家的長生不老之術，服食金石丹藥，這在許多文章中都有闡述，此不贅述。總之，道教在唐代的地位空前提高。佛教在「南朝四百八十寺」的盛況後，雖然經歷了梁武帝滅佛的寒風苦雨，然而在唐代仍然有很大的市場，佛學大師玄奘於唐高宗顯慶六年（661年）圓寂，歸葬於白鹿原，當時「士女送葬者數萬人」〔註107〕，佛教信徒數量之大可見一斑。武則天利用佛教來鞏固其地位，天授二年（691年）下令「釋教在道法之上，僧尼處道士女冠之前。」〔註108〕，並指使「東魏國寺僧法明等撰《大雲經》四卷，表上之，言太后乃彌勒佛下生，當代唐為閻浮提主。」武則天趁機頒布《大雲經》於天下。御史郭霸之上表稱「則天是彌勒佛身」，通過武則天的扶持，佛教提高了地位。武則天之後的皇帝中也不乏信奉佛教者，最著名的就是唐憲宗、懿宗的崇佛政策與行為，他們不僅提倡天下人信佛，於皇宮內設道場、聚僧念誦，並且親自「迎佛骨」，使崇

〔註105〕程舜英先生有過這方面的論述，見《隋唐五代教育制度史資料》第二章《唐代重振儒術的文教政策》第二節「佛教、道教受到政府的尊崇」，第72頁「做為唐統治者，他們固然以崇儒尊孔為基本，但為了鞏固其統治，也要利用各種意識形態來為其服務。佛教和道教在當時既然有很大的影響力，因此，他們於重振儒術之外還提倡佛教和道教，有時太高佛教，有時抬高道教，有時甚至毀佛滅道，總的來說，佛教和道教在文教方面的影響是比較大的」。

〔註106〕《舊唐書》卷一百八十九上《陸德明傳》，第4945頁。

〔註107〕《舊唐書》卷一百九十一《方伎傳》，第5109頁。

〔註108〕《舊唐書》卷六《則天皇后本紀》，第121頁，武則天崇佛的具體措施見潘興、范永平《武周改唐為周政治述略》，《洛陽大學學報》1999年第1期。

佛運動達到高潮。

　　少數民族的個性自由豪放注重自我權力，發展個性，極端浪漫，沒有傳統的束縛，可以無拘無束的發展。以唐代為代表，少數民族生命力強，富於想像。盛唐氣魄，不僅體現在疆土的拓展，經濟的繁榮穩定，更體現在海納百川的氣度上，唐人對於外來文化毫無顧忌的吸收、改造、融合，音樂、舞蹈、繪畫、宗教、服飾等等紛紛與中原文化相融合，使胡樂、胡服、胡舞、胡禮等等達到極盛。少數民族勇健的風氣適應了唐代意氣飛揚、青春勃發的浪漫心理。不受拘束任意創作的詩賦，比起背誦腐舊不變的經義，更加適應這個浪漫自由而開放的時代。唐代皇帝無不喜好文藝，提倡風雅。他們開文學館，與文士吟詠唱和；開宴樂，親自賦詩做曲，與群臣唱和，無不顯示出他們內在的浪漫氣質。進士科始於隋代、盛行於唐代，原因大概在於隋唐代之際開放浪漫的社會風氣。在這樣一個開放、無拘無束的時代，困守在官學中死背教條的制度，恐怕難以適應時代，官學的衰落成為一種必然。

　　為了挽救學校衰廢的趨勢，唐文宗和唐武宗曾先後兩次下達公卿士族子弟及貢舉人必須要入國學習業、通過國子監考試後方許參加貢舉的命令。唐文宗太和七年（833 年）八月詔曰：「皇太子方從師傅傳授《六經》，一二年後，當令齒胄國庠，以興墜典。宜令國子選名儒，置五經博士各一人。其公卿士族子弟，明年已後，不先入國學習業，不在應明經進士限。其進士舉宜先試帖經，並略問大義，取經義精通者放及第。」〔註 109〕唐武宗也於會昌五年（845年）頒布了類似的詔令。但統治者的補救措施終究無法挽狂瀾於既倒。另外，公卿子弟在官學風氣頹廢的情況下，不會老老實實安心學業，他們即使不參加明經進士的科舉考試，仍然可以以其他方式入仕。官學越是衰敗入官學學習的優秀生員就越少，豪門子弟的比例增多更加加重了學校管理的負擔，官學則更加衰敗，這種惡性循環致使唐代重振官學的法令都成為了一紙空文。

〔註 109〕《舊唐書》卷十七下《文宗本紀》，第 551 頁。

第二章　唐代學官的貢獻與社會地位

第一節　唐代學官與職權

一、負責行政事務的學官

主管行政事務的學官由兩部分構成，一部分是國子監的行政官員，另一部分是國子學、太學、四門學等七學內部的行政官員。

1、國子監行政事務學官　國子監主管行政事務的學官，除了最高行政長官國子祭酒一人、國子司業二人以外，主要的行政官員還有丞、主簿、錄事等，再加上府、史、亭長、掌固等僚屬，合計約四十多人。

（甲）國子祭酒　一人，從三品。「漢官儀云：『漢置博士祭酒一人，秩六百石。』後漢以博士聰明有威重者一人為祭酒。《韋昭辨釋名》曰：『祭酒者，凡宴饗必尊長老，以酒祭先，故曰祭酒。』徐廣曰：『古人具饌，則賓中長者舉酒祭地，示有先也。』魏因之。晉武帝立國子學，置祭酒一人。《晉令》曰：『祭酒博士當為訓範，總統學中眾事。』傅暢《諸公贊》云：『裴頠為國子祭酒，奏立國子太學，起講堂，築門闕，刻石寫五經。』《百官志》：『祭酒，皂朝服，介幘，進賢兩梁冠，佩水蒼玉，官品第三。』東晉及宋、齊並同。梁置國子祭酒一人，班第十三，比列曹尚書。陳國子祭酒秩中二千石，品第三。後魏初，第四品上；太和二十二年，增為從第三品。北齊改為國子寺，祭酒一人，從三品。」〔註1〕後周闕而未置。隋初，國子寺祭酒隸太常，從三

〔註1〕《唐六典》卷二十一《國子監》，第556頁。

品。隋文帝開皇十三年（593年）改名國子學。仁壽元年（601年）罷國子學，唯置太學一所。隋煬帝大業三年（607年），改為國子監，依舊置祭酒一人。唐因之，高宗龍朔二年（662年）改為大司成，咸亨元年（670年）復舊。武則天光宅元年（684年）改為成均監祭酒，中宗神龍元年（705年）復舊。國子祭酒是國子監最高行政長官，其職能包括執行禮部頒行的儒學管理的政策法令；國子監釋奠之時充當獻官；皇帝視學、皇太子齒胄，則執經講義；考察學官等。

（乙）國子司業　二人，從四品下。《禮記》曰：「樂正司業，父師司成。一有元良，萬國以貞，世子之謂也。」歸崇敬解釋說，「司業者，義在《禮記》，云『樂正司業』。正，長也，言樂官之長，司主此業。《爾雅》云：『大板謂之業』。按《詩‧周頌》：『設業設虡，崇牙樹羽。』則業是懸鍾磬之枸虡也。」〔註2〕肯定了司業為主管音樂的長官。自秦、漢以降至於隋，不見有國子司業設置的記載。隋煬帝大業三年（607年），置司業一人，從四品。唐武德初省，貞觀六年（632年）二月置一員，龍朔二年（662年）改為少司成，咸亨元年（670年）復舊，睿宗太極元年（712年）增置二人。國子司業為國子監副長官，負責輔助祭酒總理國子監一切事務。

（丙）丞　二人，東都、西京國子監各設國子監丞一人，「從六品下，掌判監事。每歲，七學生業成，與司業、祭酒蒞試，登第者上於禮部。」〔註3〕國子監丞負責處理國子監日常事務、管理七學學生的學業成績，每年與國子祭酒、司業共同測試業成學生，及第者上報禮部應省試。

（丁）主簿　二人，東都、西京國子監各一人，「從七品下。掌印，句督監事。七學生不率教者，舉而免之」〔註4〕，即負責掌管印章，管理七學學生的品行學規。

（戊）錄事　三人，從九品下。北齊國子寺有錄事員，隋置一人。唐代西京國子監設置錄事二人，東都國子監設錄事一人，職掌受事發辰。

國子監的行政官員除了以上幾種官職外，還包括府七人，史十三人，亭長六人，掌固八人，都是屬於沒有品階的流外官，職掌監守門戶、通傳禁約以及廳事鋪設等事務。

〔註2〕《舊唐書》卷一百四十九《歸崇敬傳》，第4017頁。
〔註3〕《新唐書》卷四十八《百官志三》，第1265頁。
〔註4〕《新唐書》卷四十八《百官志三》，第1265頁。

　　2、國子監下屬各學校的行政事務學官〔註5〕

　　（甲）典學　國子學、太學、四門學各有典學四人；律學、書學、算學各有典學二人，掌「抄錄課業」。

　　（乙）廟幹　僅在國子學設置二人，其他各學均未設置，原因在於，廟幹職掌「灑掃學廟」，而學廟即孔宣王廟是中央官學──「七學二館」共同的釋奠之所，整個國子監只設置一處，舉行釋奠禮時學生全部都集中於此，而此廟屬於國子學管轄範圍之內。

　　（丙）掌固　國子學四人，太學、四門學各六人。鑒於國子監對七學的共同管理，學生食宿的統一規劃，推知國子監七學應該有共同的財物管理制度，因此倉庫應該共同擁有一個，那麼國子監的倉庫理當由國子監的掌固管理，國子學、太學、四門學各自所屬的掌固所負責的也就是各自學校的廳事鋪設。

　　3、地方官學的行政事務官員

　　唐高祖武德七年（626年）詔諸州縣及鄉並令置學，州縣鄉等地方行政單位開始設立官學。唐代地方官學設置的主要目的是輔助地方長官實施教化，因此地方教育管理機構同中央教育行政機構相比，還遠遠不夠完善。地方官學的管理主要由地方行政長官統管，一般說來，府由牧或都督管理，州（郡）由刺史（郡守）管轄，縣則歸縣令司掌。而學校內部的教學和管理則屬於學官的職權範圍。從地方長官的職掌可以看出地方長官對於所屬行政區內的事務是無所不統的，「京兆、河南、太原牧及都督、刺史掌清肅邦畿，考核官吏，宣布德化，撫和齊人，勸課農桑，敦諭五教。每歲一巡屬縣，觀風俗，問百姓，錄囚徒，恤鰥寡，閱丁口，務知百姓之疾苦。部內有篤學異能聞於鄉閭者，舉而進之；有不孝悌，悖禮亂常，不率法令者，糺而繩之。……」〔註6〕教育事務包括在地方長官教化、貢舉的職能範圍之內，「州縣學生，州縣長官補，長史主焉」〔註7〕，明確了州縣長官選補學生的權力。地方長官之下，大部分府州都設有功曹

〔註5〕此處學官人數、職掌均是參照《唐六典》、《通典》的相關記載，按二書所記僚屬多為西京國子監，未及東都國子監，推想既然東都與西京國子監，只是教授地點的不同，在學官、學生招收資格方面均無差別，只是西京國子監當為總部所在，除了有品階的學官數量有明確規定外，二者各自的吏員設置理當相似，因為不敢妄下定論，故而此處仍遵照原文，沒有注明東都國子監下屬各學校相關的行政事務學官。

〔註6〕《唐六典》卷三十《三府督護州縣官吏》，第747頁。

〔註7〕《新唐書》卷四十四《選舉志》，第1160頁。

（司功）〔註8〕參軍一員，具體負責學校事務。司功參軍源於兩漢主選署功勞的功曹史，此後歷代皆設，北齊在州設置功曹參軍，隋煬帝罷州置郡，改稱司功書佐。「大唐改曰司功參軍。開元初，京尹屬官及諸都督府並曰功曹參軍，而列郡則曰司功參軍。令掌官員、祭祀、禮樂、學校、選舉、表疏、醫筮、考課、喪葬之事。」〔註9〕也就是說，功曹（司功）參軍有關教育的職權主要是：掌管所屬學校的學官考課、選拔；學生的貢舉；以及與學校相關的各項禮儀等。但作為地方行政長官的僚佐，這些職掌都是在輔助長官的前提下進行。功曹（司功）參軍的設置與品秩因地方行政建制的級別不同差別也很大：京兆、河南、太原府功曹參軍事二人，正七品下；大都督府功曹參軍事一人，從七品上；下都督府功曹參軍事一人，從七品下；上州司功參軍事一人，從七品下；中州司功參軍事一人，正八品下。下州不設功曹，因此司功參軍的職掌歸司倉參軍負責，「（下州）司倉參軍事一人，從八品下；兼掌司功事。」〔註10〕唐代的縣級機構中，除京縣、畿縣之外，一般只有二曹，即戶曹和法曹。（李方《唐西州行政體制考論》中考證西州、敦煌等縣可能設有兵曹及司兵）諸縣沒有設置輔助長官管理學校事務的屬官，因此只能由縣令自己掌管。「京畿及天下諸縣令之職，皆掌導揚風化，撫字黎氓，敦四人之業，崇五土之利，養鰥寡，恤孤窮，審察冤屈，躬親獄訟，務知百姓之疾苦。……若籍帳、傳驛、倉庫、盜賊、河堤、道路，雖有專當官，皆縣令兼綜焉。」〔註11〕雖然沒有明確教育管理事務，但從詔令中可以看出，唐代是把創辦學校、傳播禮儀作為導揚風化、化民成俗的手段，因此可以推知縣學的有關事務，是由縣令掌控的。

二、負責教學的學官

1、國子監的學官

（甲）博士　應劭《漢官儀》曰：博士，秦官也。博者，通博古今；士者，辯於然否。孝武帝建元五年初〔註12〕，置五經博士，秩六百石。《漢舊儀》

〔註8〕京尹屬官及諸都督府並曰功曹參軍，而州郡則曰司功參軍。
〔註9〕《通典》卷三十三《總論郡佐》，第913頁。
〔註10〕《唐六典》卷三十《三府督護州縣官吏》，第747頁。
〔註11〕《唐六典》卷三十《三府督護州縣官吏》，第753頁。
〔註12〕按：此處「孝武帝建元五年」當為漢武帝建元五年之誤。據《漢書·武帝本紀》：「（建元）五年春，罷三銖錢，行半兩錢。置五經博士。」知五經博士初設於漢武帝建元五年，且魏孝武帝在位期間並無建元年號，故推知應劭《漢官儀》此處有誤。

云：武帝初置博士，取學通行修、博識多藝，曉古文、《爾雅》能屬文章者為之。朝賀，位次中都官，吏稱先生不得言君，其弟子稱門人也。

國子博士　二人，正五品上，「掌教文武官三品已上及國公子孫、從二品已上曾孫之為生者，五分其經以為之業。習《周禮》、《儀禮》、《禮記》、《毛詩》、《春秋左氏傳》，每經各六十人，餘經亦兼習之。習《孝經》、《論語》限一年業成，《尚書》、《春秋公羊・穀梁》各一年半，《周易》、《毛詩》、《周禮》、《儀禮》各二年，《禮記》、《左氏春秋》各三年。……其（學生）習經有暇者，命習隸書並《國語》、《說文》、《字林》、《三蒼》、《爾雅》。」〔註13〕國子博士是國子館掌管教學的最高長官，分經教授學生。每旬前一日，根據講授內容對學生進行考核，檢查習業情況。每歲，對能通兩經以上要求出仕，以及堪貢舉進士、秀才的學生，上報國子監，由國子祭酒、國子司業進行考核。

《五經》博士　各一人，共五人〔註14〕，五品下。唐首創，時間在唐文宗大和七年（833年）八月，由於唐文宗好文，宰相兼判國子祭酒鄭覃以經義啟導之，稍折文章之士，遂仿照漢代太學之制，奏置五經博士。由於初設時無職田，於是依王府官例，賜給祿粟。分別講授《左氏春秋》、《禮記》、《周易》、《尚書》、《毛詩》等五經，品秩、職掌與國子博士類。

太學博士　三人，正六品上。「掌教文武官五品已上及郡縣公子孫、從三品曾孫之為生者，五分其經以為之業，每經各百人。」〔註15〕

廣文博士　一人〔註16〕，正六品上。「領生徒為進士業者。」

四門博士　三人，正七品上。「掌教文武官七品已上及侯、伯、子、男子之為生者，若庶人子為俊士生者。」〔註17〕分經同太學。

律學博士　一人，從八品下。「掌教文武官八品已下及庶人子之為生者，以《律》、《令》為專業，《格》、《式》、《法例》亦兼習之。」〔註18〕

〔註13〕《唐六典》卷二十一《國子監》，第559頁。
〔註14〕《五經》博士員數有分歧，其中《唐書・百官志》記載「《五經》博士各二人」，因未曾找到其他任何根據，此處不取。
〔註15〕《唐六典》卷二十一《國子監》，第560頁。
〔註16〕關於廣文館博士的人員設置，大多數文獻中都記載為一人，品秩同太學博士，為正六品上。僅有《舊唐書》卷四十四《職官志》中記載，「廣文館博士二人」。從天寶九載鄭虔被任命為廣文館博士，僅設博士一人，可以確定一員的記載無誤。《舊唐書・職官志》對於廣文博士二員設置的記載，由於沒有找到其他佐證，此處暫且不採。
〔註17〕《唐六典》卷二十一《國子監》，第561頁。
〔註18〕《唐六典》卷二十一《國子監》，第561頁。

書學博士　二人，從九品下。「掌教文武官八品已下及庶人子之為生者。以《石經》、《說文》、《字林》為專業，餘字書兼習之。」〔註19〕

算學博士　二人，從九品下。「掌教文武官八品已下及庶人子之為生者。二分其經，以為之業：習《九章》、《海島》、《孫子》、《五曹》、《張丘建》、《夏侯陽》、《周髀》十有五人，習《綴術》、《緝古》十有五人，其紀遺三等數亦兼習之。」〔註20〕

（乙）助教　掌佐博士，分經以教授焉。分為國子助教、太學助教、四門助教和律學助教。國子助教二人，從六品上；太學助教三人，從七品上；廣文助教一人，從七品上；四門助教三人，從八品上；律學助教一人，從九品上。助教輔佐博士，詳細講解典訓詞句，以國子助教為例，元和年間國子助教郭彪之，「每凌爽詣論堂，坐高床，召七學諸生，居不施廣裀長席，俾鄰臂而坐。澄震聲音，分析典訓。至於一詞間，咸以俗理相論，了入於諸生心胸中，使蒙者縱歷千萬日亦不失其來。由是得諸生。」可見助教郭彪之之所以深得學生愛戴，原因在於其獨特的教學方式，即通過深入淺出的方法，以通俗語言解釋疑難經典，使學生記憶深刻。

（丙）國子直講　四人，唐代創設。最初無置員數，武則天長安四年（704年）始定為四員。俸祿、賜會，同直官例。「直講掌佐博士、助教之職，專以經術講授而已。」〔註21〕直講只管講授不需他技，《全唐文》中有一則針對「專經直講，每無他伎進考」的判詞內容為「典禮之興，講經為要；安人和眾，學古入官。丁以專經直講，經師訓造，藝成重席，業固專門。歌詠先王，頌聲以光於講席；討論文義，德化藉甚於談筵。考課攸歸，勤效斯在，以無他伎，蒙竊惑焉。且州縣徒勞自拘於常式；庠序爰設，亦著於彝章。妄告之人，須科反坐。」〔註22〕明確直講的職責即為專經直講不需他技，如果有人枉告直講無他技進考，就會被處以反坐罪。

（丁）大成　「大成」一詞源於《禮記‧學記》：「古之教者，家有塾，黨有庠，術有序，國有學。比年入學，中年考校。……九年知類通達，強立而不反，謂之大成。夫然後足以化民易俗，近者說服，而遠者懷之，此大學之道也。」國子監大成作為官職唐代初創，關於其設置的時間、員額的變化

〔註19〕《唐六典》卷二十一《國子監》，第562頁。
〔註20〕《唐六典》卷二十一《國子監》，第563頁。
〔註21〕《唐六典》卷二十一《國子監》，第561頁。
〔註22〕《全唐文》卷四百六《常無欲‧對直講無他伎判》，第4156頁。

與性質等均存在分歧。筆者初步斷定其性質當屬於學官，設置時間當在貞觀九年（635年）之後、龍朔二年（662年）之前這段時間內，而其設置從最初設立時的二十員，到唐肅宗上元二年（761年）再次恢復為二十員，其間經歷了長安四年（704年）取消，旋即恢復，唐玄宗開元二十年（732年）至唐肅宗上元二年（761年）之間大成人數設為十員等幾個階段。詳細分析見本節後國子監大成考述。

2、地方主管教學的學官

地方上主掌教學的學官也是博士和助教。博士的設置與品秩因其所屬地方政府的級別高低存在很大差別，自府而下的助教則均無品秩。其具體情況如下：京兆、河南、太原府設經學博士一人，從八品上，助教二人；大都督府經學博士一人，從八品上，助教二人；中都督府經學博士一人，從八品下，助教二人；下都督府經學博士一人，從八品下，助教一人；上州經學博士一人，從八品下，助教二人；中州經學博士一人，正九品上，助教一人；下州經學博士一人，正九品下，助教一人。州博士都是朝廷九品以上的官員，由禮部選授。各縣設置博士、助教各一人，無品秩。「凡州、縣及鎮倉督，縣博士、助教，中、下州市令及縣市令，嶽、瀆祝史，并州選，各四周而代。」此條後進一步解釋說「（縣）博士、助教部內無者，得於旁州通取。」〔註23〕縣博士、州縣助教因為沒有品秩，不是國家的正式官員，因此由所屬州的司功參軍在本州選舉，本州無符合條件者，可以在鄰州選用條件符合的人員充任。

3、國子監大成考述

《唐六典》卷四《尚書禮部》記載：

> 其國子監大成十員，取明經及第人聰明灼然者，試日誦千言，並口試，仍策所習業十條通七，然後補充，各授散官，依色令於學內習業，以通四經為限。」〔註24〕

通過這段史料可知，國子監大成是朝廷從科舉明經科及第者中選取的聰明卓然者，入國子監修習，以便獲得提前參加吏部銓選機會的一批人。細讀這段史料不禁會使人產生如下疑問：為什麼科舉及第還要繼續修習？國子監大成是怎樣的一種任職方式？

〔註23〕《唐六典》卷三十《三府督護州縣官吏》，第748頁。
〔註24〕《唐六典》卷四《尚書禮部》，第110頁。

　　要解釋明經及第者繼續在國子監修習的原因，就必須瞭解唐代實行的官員守選制度。守選是為了解決入仕人數多官闕少的矛盾而制定，貞觀時期已經開始實行。〔註25〕凡參加吏部、兵部銓選的待選人都要守選。對吏部而言，待選的人員主要包括及第舉子和文職六品以下考滿罷秩的前資官。從目前的研究狀況來看，大部分學者都把目光集中在官員守選方面，對於及第士人守選的情況卻少關注，甚至有人誤以為科舉及第後可以直接參加吏部的銓選，並被授予官職。其實不然，在科舉及第之後、做官之前，及第士人也要經歷一個守選階段。不僅明經需要守選，王勳成先生認為即使號稱「白衣公卿」的進士也需要守選〔註26〕。

　　唐代自高宗、武則天之後，天下重進士輕明經成為一種社會風氣，朝廷重視進士，進士出身者不僅升遷快、仕途通暢，而且待選時間比明經要短。進士守選的期限一般是三年，而明經及第之後一般要先授予散官到吏部當番，服役兩番之後經過吏部選拔、審核合格後才確定守選的年限，一般都在七年以上。為了鼓勵明經中才能優異的人，唐代設置大成，讓他們在明經及第後不用到吏部當番，而是到國子監進修三年，合格之後，便可做官。這項制度符合了唐初重視明經的社會背景，使大成的肄業時間與號稱白衣公卿的進士守選時間相同，成為明經及第後入仕最快的一種途徑。〔註27〕

　　（1）國子監大成的性質

　　國子監大成既然已經明經及第，有了品階，卻又和其他學生同在國子監學習，這樣在性質劃定上就出現了矛盾，他的身份是怎樣的，是學生還是官員？

　　《唐六典》卷二《尚書吏部》規定：

　　　　國子監大成二十員，取貢舉及第人聰明灼然者，試日誦千言，並口試，仍策所習業，十條通七，然後補充，各授官，依色令於學內習業，以通四經為通。其祿俸、賜會準非伎術直例給。業成者於吏部簡試，《孝經》、《論語》共試八條，餘經各試八條，間日一試，灼然明練精熟為通。口試十通九、策試十通七為第。所加經者，《禮

─────────────────────────

〔註25〕參見王勳成《唐代銓選與文學》，第48頁。
〔註26〕陳鐵民、李亮偉先生不同意此觀點，參見《關於守選制與唐詩人登第後的守選時間》，《文學遺產》2005年第3期。但是在唐初即有明經科守選之制這一點上卻達成一致。
〔註27〕參見王勳成《唐代銓選與文學》，第52頁。

記》、《左傳》、《毛詩》、《周禮》各加兩階，餘經各加一階。及第者
放選，優與處分；如不及第，依舊任。每三年一簡。九年業不成者，
解退，依常選例。業未成、年未滿者，不得別選及充餘使。若經事
故，應敘日，還令覆上。其先及第人慾加經、及官人請試經者亦準
此。」〔註28〕

雖然不同史料在大成的人數及設置時間上記載有出入，但對以下幾個方面的
特點，卻都有共同的認識。首先，大成必須明經科及第，而且是成績優異者；
其次，大成在國子監習業的目的，是為了縮短待選時間、提早獲得官職；再
次，習業期間可以比照直官發放俸祿。王勳成先生在《唐代銓選與文學》中
提出，大成從性質上來講，應該相當於現在的研究生。這一論斷似乎有待商
榷。關于大成的性質問題，本書試圖將其與國子監學生和學官對比分析，以
明其身份。

　　首先：同國子監學生相比，儘管大成要繼續在國子監習業，但他們與學
生之間存在明顯差異。

　　首先，大成作為官員，較為自由，他們入學與退學可以自主決定。《唐代
墓誌彙編》永淳〇〇九《唐故秘書省校書郎趙郡李君墓誌銘並序》中記載墓
主李元軌「龍朔二年二月十二日射策高第，拜國子監大成，俄徵為北門學士，
教羽林軍飛騎。」他明經射策高第之後，官拜國子監大成，既為大成，他本
應在國子監習業三年，但入國子學後不久就被徵為北門學士，可見大成在國
子監有著自願出入的自由。

　　其次，大成與國子監學生最根本的區分是是否通過科舉考試。科舉作為
國家選拔官員的考試，躍過這個門檻則預示著已經進入官員的行列。大成與
學生就是處於門裏、門外的兩個群體。由此決定了這兩個群體考察部門的差
別，「太和元年（827 年）十月，中書門下奏：『凡未有出身未有官，如有文學，
祇合於禮部應舉；有出身有官，方合於吏部赴科目選，近年以來，格文差誤，
多有白身及用散試官並稱鄉貢者，並赴科目選。』」〔註29〕中書門下的奏章反
映的是一種違反格文的行為，也同時指出了學生與官員的區別。學生業成，
參加由禮部主持的科舉考試（開元以前由吏部考功員外郎主持），而大成業成
要上報吏部簡試。禮部是選拔官員的部門，而吏部是考核官員、授予官職的

〔註28〕《唐六典》卷二《尚書吏部》，第 46 頁。
〔註29〕《唐會要》卷七十七《貢舉下·科目雜錄》，第 1401 頁。

機關。從考試的目的來看，國子監學生考試是為了獲得入仕的資格，而大成考試是為了獲得減少待選的年限，以期早日獲得實職。從考試的結果看，如果學生科舉不能通過，就等於就被排除在官員行列之外，而大成即使吏部簡試不合格，只是被取消了減免待選年限的特權，仍然可以依照常規的待選年限等待官闕，仍然屬於官僚隊伍的一員。

再次，獲得的待遇發放部門有區別。雖然學生也能得到國家發給的衣食，卻不過是國家為了保證正常的學習發給的補助。而大成則不同，他是由正式發放官員俸祿的機關——戶部發給俸祿，而且是依照直官的標準發放。從其俸祿發放比照的對象——直官來看，大成應當是官員而非學生，因為官員是有級別的，而待遇的高低也是與級別相對應的。

（乙）大成與官員類比，相似度更高。《唐六典》明確指出大成的任職方式是「授官」，前引李元軌墓誌也記載「龍朔二年二月十二日射策高第，拜國子監大成」，拜國子監大成說明大成任職是拜官這在當時社會是一種共識。除了以上兩條材料，以下幾點也可以證明。

首先，官員是為政府服務、享受國家俸祿的人員。職事官、散官和階官等等只是任職方式、權力大小與享受權益高低的差別，是官僚隊伍內部分類與相應待遇的差異，不能因為這些差異而否認大成作為官員的身份。舉子一旦科舉及第就被朝廷授予相應的官階，《舊唐書》卷四十二《職官志》中記載「明經出身，上上第，從八品下」〔註30〕。《唐六典》中也有相同的記載，「凡敘階之法，有以封爵，有以親戚，有以勳庸，有以資蔭，有以秀、孝，謂秀才上上第，正八品上；已下遞降一等，至中上第，從八品下。明經降秀才三等。」〔註31〕而且又進一步規定「進士、明法甲第，從九品上；乙第，降一等。若本蔭高者，秀才、明經上第，加本蔭四階；已下遞降一等。明經通二經已上，每一經加一階；及官人通經者，後敘加階亦如之。凡孝義旌表門閭者，出身從九品上敘。」〔註32〕大成既然是明經中的優秀者，官階應該至少為從八品下，如果有門蔭、或者精通儒家經典數量多，還會以從八品為基礎獲得累加官階。大成在國子監學習期間，以考試通過經書的方式官階也會累增。「所加經者，《禮記》、《左傳》、《毛詩》、《周禮》各加兩階，餘經各加一

〔註30〕《舊唐書》卷四十二《職官志》，第 1805 頁。
〔註31〕《唐六典》卷二《尚書吏部》，第 32 頁。
〔註32〕《唐六典》卷二《尚書吏部》，第 46 頁。

階。」大成有官階，同時又享受國家發放的俸祿，沒有理由把他排除在官員之外。

　　如果把大成這一職務看做明經及第以後的守選過程，那麼非常明顯他的待遇比秩滿待選的前資官還要高。因為六品以下的職事官一旦秩滿離職，國家就停止對其發放俸祿。而大成在守選期間依然享受國家俸祿，這是朝廷對他們的優待。同在職官員相比大成也同樣享受優待。因為，職事官無論品階高低，如果考核成績不合格，就會受到降職甚至罷官的處分，而大成考試不合格仍舊可以依照常規的守選年限得到職位，只是守選的時間較長而已。從官員考核的角度來分析，不仿把大成的考試看成是官員的考核，只不過職事官以政績為考核標準，而大成以考試成績為考核標準，二者考核的目的不同，前者是為了督促官員，後者是為了提高官員自身素質。

　　其次，國家對大成考試內容的規定，是為了督促學習。大成本來就已經通過明經科的科舉考試，又是及第明經中的聰明灼然者，經學造詣相當高。朝廷規定的大成在國子監修習期間的明經考試，對他們來講應非難事。也就是說，大成在吏部考試中不通過的機率應該很低。這種政策設定的目的更像是為了避免明經在及第後守選期間荒廢學業。

　　再次，從長安四年（704 年）大成一職被直講代替也可以看出其職能與直講相同，性質是學官。《唐六典‧國子監》規定直講的職能是「掌佐博士、助教之職，專以經術講授而已。」〔註33〕說明大成除了在國子監繼續習業以外，還有輔助博士、助教講經授業的職能。唐代統治者為了提高官員的素質，還明確下達過鼓勵官員入國子學讀書的詔令，《唐大詔令集》卷一百五《崇太學詔》：

　　　　理道同歸，師氏為上，化人成俗，必務於學。俊造之士，皆從
　　此途，國之貴遊，罔不受業。修文行忠信之教，崇祗庸孝友之德，
　　盡其師道，乃謂成人，然後揚於王庭，考以政事，徵之以理，仕之
　　以官，置於周行，莫匪邦彥，樂得賢也，其在茲乎！……負經來學，
　　當集京師，並宰相、朝官及神策六將軍子弟欲得習學者，自今以後，
　　並令補國子學生。欲其業重籯金，器成琢玉，日新厥德，代不乏賢。
　　其中身雖有官，欲附學讀書者，亦聽。〔註34〕

〔註33〕《唐六典》卷二十一《國子監》，第 561 頁。
〔註34〕《唐大詔令集》卷一百五《崇太學詔》，第 539 頁。

可見，朝廷不但要求宰相、朝官和軍將子弟入國學學習，而且鼓勵身雖有官者附學讀書。學已有成的大成入國學深造，對其他官員繼續學習也可以起到一種帶動作用。

由以上論述可知，大成是官員而非學生。

（2）大成的設置與沿革

王勳成先生在《唐代銓選與文學》第二章「及第舉子守選」一節中提出「國子監大成初置二十人，至開元二十年減為十人」〔註35〕。王勳成先生只揭示出國子監大成設置變化的一個環節，有關大成初設的時間、在開元二十年之前、開元二十年之後大成的設置和變化等問題目前尚無學者進行研究。

國子監大成設置是從什麼時候開始呢？《唐六典》、《通典》、《唐大詔令集》等文獻中對此都沒有明確記載，只有《新唐書》卷四十八《百官志》中講：「龍朔二年，改博士曰宣業。有大成十人，學生八十人，典學四人，廟幹二人，掌固四人，東都學生十五人。」〔註36〕這段文字雖然沒有指明大成設置的最初時間，但至少可以明確唐高宗龍朔二年（662年）大成這個官職已經存在。這是有關大成存在時間最早的記載。大成一職在龍朔二年已經存在還有其他史料證明。《唐代墓誌彙編》永淳〇〇九《唐故秘書省校書郎趙郡李君墓誌銘並序》：

> 君諱元軌，字玄哲，趙郡樂城人。自類馬開基，有龍表德，中書耿介於魏介，吏部清平於晉朝，並史謀之所詳焉，此可略而言矣。……年廿四，補國子生，居義窟而析經，希馬鄭而同志，究詞場而振藻，庶潘陸以齊風。以龍朔二年二月十二日射策高第，拜國子監大成，俄徵為北門學士，教羽林軍飛騎。〔註37〕

進一步印證了國子監大成的設置時間不晚於龍朔二年。關于大成設置的原因，王勳成先生在《唐代銓選與文學》中已經表述得非常明確，就是為了解決朝廷員闕少的問題給予明經及第者的特殊待遇。既然大成這個官職是在明經及第與守選制度的基礎之上出現，那麼其設置時間肯定晚於明經守選制度的出現。王勳成先生在《唐代銓選與文學》這本論著中，已經論證了明經守選開始的時間不晚於貞觀九年（635年），那麼大成這個官職的設置時間就不

〔註35〕《唐代銓選與文學》，中華書局2001年4月第1版，第48頁。
〔註36〕《新唐書》卷四十八《百官志》，第1266頁。
〔註37〕《唐代墓誌彙編》永淳00九《唐故秘書省校書郎趙郡李君墓誌銘並序》，第690頁。

會早於貞觀九年。

要探討大成設置時間的下限，恐怕要與唐高宗時期的財政情況相聯繫。唐高宗時期雖然國家編戶由貞觀時的 300 增加到 600 餘萬戶，租庸調大幅度增長，但由於武德、貞觀時倚為財政基礎的均田制和租庸調制已經遭到破壞，加上官員的眾多（高宗顯慶時全國正員官已達 13465 員），「龍朔二年財政吃緊。李治一反其父大行儒學之道，極力壓縮教育規模」，國子監各校的生員從貞觀時的 3000 多人，減至 595 人。〔註38〕因此，國子監大成的設置當在貞觀九年之後、龍朔二年之前這一段時間。

在國子監大成設立之後，其員額設置發生了幾次變化。歸納起來有以下三種意見：

（甲）大成二十員的文獻材料，除了《唐六典》卷二《尚書吏部》外，還有《唐書》卷四十四《選舉志》；《舊唐書》卷四十四《職官志》和《通典》卷二十七《職官九》；《文獻通考》卷四十一《學校考二》。

《唐六典》卷二《尚書吏部》：「國子監大成二十員，取貢舉及第人聰明灼然者，試日誦千言，並口試，仍策所習業，十條通七，然後補充，各授官，依色令於學內習業，以通四經為通。」

《唐書》卷四十四《選舉志》：「龍朔二年，東都置國子監，明年以書學隸蘭臺，算學隸秘閣，律學隸詳刑。上元二年，加試貢士《老子》策，明經二條，進士三條。國子監置大成二十人，取已及第而聰明者為之。」〔註39〕

《舊唐書》卷四十四《職官志》「大成二十人。通四經業成，上於尚書吏部，試登第者，加階放選也。」〔註40〕

《通典》卷二十七《職官九》「大成二十人，大唐置，取貢舉及第人，簡聰明者，試書日誦得一千言，並日試策所習業等十條通七，然後補充，仍散官，祿俸賜會同直官例給。」〔註41〕

《文獻通考》卷四十一《學校考二》：「上元二年，加試貢士《老子》策，明經二條，進士三條。國子監置大成二十人，取已及第而聰明者為之。」〔註42〕

〔註38〕宋大川、王建軍：《中國教育制度通史·魏晉南北朝 隋唐卷》，山東教育出版社 2000 年 7 月第 1 版，第 361 頁。
〔註39〕《新唐書》卷四十四《選舉志》，第 1163 頁。
〔註40〕《舊唐書》卷四十四《職官志》，第 1892 頁
〔註41〕《通典》卷二十七《職官九》，第 768 頁。
〔註42〕《文獻通考》卷四十一《學校考》，第 392 頁。

（乙）大成十員的史料除《唐六典》卷四《尚書禮部》外，還有前面所引用過的《唐書》卷四十八《百官志》。

《唐書》卷四十八《百官志》「龍朔二年，改博士曰宣業。有大成十人，學生八十人，典學四人，廟幹二人，掌固四人，東都學生十五人。」

（丙）大成十二員，僅見《舊唐書》卷四十三《職官志》。「其國子監大成十二員，取明經及第人聰明灼然者，試日誦千言，並口試，仍策所習業，十條通七，然後補充。各授散官，依舊令於學內習業，以通四經為限。」〔註43〕

首先，大成「十二員」的記載，作為孤證，目前尚無其他材料可以印證。由於這段文字與《唐六典》卷四《尚書禮部》的相關記載幾乎完全相同，因此懷疑《舊唐書》可能是在引用《唐六典》時抄錄出錯。此處將《唐六典》卷四《尚書禮部》原文抄錄於此，以便對照，「其國子監大成十員，取明經及第人聰明灼然者，試日誦千言，並口試，仍策所習業十條通七，然後補充，各授散官，依色令於學內習業，以通四經為限。」通過對照，《舊唐書》除了多出一個「二」字，並且將「色」改為「舊」之外，其他內容與《唐六典》一字不差。

國子監大成究竟是「二十員」還是「十員」呢？這就要對記載的各自出處做一個深入比較。《唐六典》是唐前期政治制度的總結，修撰於唐玄宗開元十年（712 年）至開元二十六年（738 年），具有非常重要的史料價值。它不僅是「對開元時期制度的靜態記錄，也體現了整個唐前期制度的變化」〔註44〕。在《唐六典》的修撰過程中，作者對朝廷在制度上的重大變動，採用了以正文敘述、注文說明等方式記載下來，使這部著作不僅反映了制度的改變，更為重要的是動態展現了制度的變化過程。據筆者目前掌握的材料，《唐六典》卷二十一《國子監》大成條的原注釋，是唯一一條明確記載國子監大成設置員數與時間變化的史料。據陳仲夫先生點校、中華書局 1992 年 1 月第 1 版的《唐六典》卷二《尚書吏部》第 61 頁，校勘記中：

【一三四】國子監大成二十員　卷二十一《國子監》「大成」條「二十」作「十」，原注曰：「初置二十人，開元二十年減十人」。

王勳成先生也指出過國子監大成在開元二十年（731 年）之前設置有二十人，二十年之後便減為十員，可惜沒有注明得出結論的資料來源。關於開元

〔註43〕《舊唐書》卷四十三《職官志》，第 1829 頁。
〔註44〕吳宗國：《盛唐政治制度研究》上海辭書出版社 2003 年 8 月第 1 版緒論。

二十年國子監大成人數設置的變化，從《唐六典》中還能得到其他的佐證。唐玄宗開元二十四年（735 年）發生了科舉考試的主考官——吏部考功員外郎李昂與進士舉子李權爭訟的事件，這個事件導致科舉由原來的吏部主管改為禮部主管，主考官員由吏部考功員外郎改為禮部侍郎，並且於開元二十五年（737 年）改革科舉考試內容。因此成書於開元二十六年（738 年）的《唐六典》在卷二《尚書吏部》和卷四《尚書禮部》兩卷中重複記載了科舉考試的科目及內容、標準等，卷二《尚書吏部》記述了開元二十五年前吏部考功員外郎主管科舉考試時的制度，卷四《尚書禮部》記述了開元二十五年後改由禮部侍郎主管科舉考試時的新制度，這兩處記載恰好完整的再現了開元二十年前後的變化。一個變化就是考試主考官員由吏部考功員外郎變為禮部侍郎；另一個變化就是國子監大成由二十減為十員。前面所引用的《唐六典》卷二《尚書吏部》關于大成二十員的設置是在開元二十年之前，而卷四《尚書禮部》記載的大成十員的設置是在開元二十年之後。

那麼國子監大成是否就經歷了這一次變革呢？筆者認為，唐國子監大成自從設立以後，除了開元二十年的改革，其人員設置前前後後還經歷了幾次變化。在開元二十年之前，大成最初設置人數二十人，武則天長安四年（704年）國子監大成這一官職被取消。《文獻通考》卷 57《職官考》：「大成二十人，唐置，取貢舉及第人，簡聰明者，試書日誦得一千言，並日試策所習業等十條通七，然後補充，仍散官，祿俸賜會同直官例給。武太后長安中省，而置直講，定為四員。」〔註 45〕國子監大成因為直講的設置而被廢除。大成之所以被撤消應該不單單源於直講的出現，關鍵還在於武則天時期的政治制度，時官制變動大，不拘常格用人，官僚、尤其下層有才能者容易得官，觀其效用，如果無所作為則立刻換人。因此，很多人不用守選就被直接授官，大成這個官職沒有了存在的必要。《朝野僉載》言「偽周革命之際，十道使人天下選殘明經、進士及下村教童蒙博士，皆被搜揚，不曾試練，並與美職。」〔註46〕武則天在廢大成之後不久即退位，唐睿宗、玄宗等繼任者鑒於武則天時期官制的混亂，進行了改革，待選制重新恢復，大成自然也就重新恢復了設置，但具體時間不明，估計應該不晚於開元初，人數仍然是二十員。由于大成被取消時間不久即恢復，因此《唐六典》、《通典》都對其採取略而不記的處理

〔註45〕《文獻通考》卷五十七《職官考》，第 516 頁。
〔註46〕《朝野僉載》卷一，第 7 頁。

方式，給後世治史者帶來諸多困惑。

　　開元年間官制發生了很大變動，國子監大成人數也發生了改變，減為十人。假如此後大成一直設置為十人，那麼成書於唐代宗、德宗年間的《通典》又記載大成設置二十員，這又該如何解釋呢？如果理解為是對開元二十年之前歷史回顧的記錄是不合常理的，因為史書不可能只回顧歷史，而不記錄眼前的現實，這也有悖於杜佑《通典》的編修宗旨，而且常理上也解釋不通。綜合以上分析，只能有一種解釋，就是在唐代宗、德宗時期大成的設置又恢復為二十員，正如《文獻通考》卷四十一《學校考二》所載，早在唐肅宗上元二年（761 年）國子大成又恢復為二十員。即大成十員的設置僅僅存在了29 年的時間，由於這段時間較短，因此許多歷史文獻對這次變化採取了忽略不記的處理方式。這也是為什麼《通典》只是記載了大成二十員的設置，而沒有記為十員的原因所在。

　　由以上分析可知，唐代國子監大成是從明經及第者中選取的聰明卓然者，入國子監修習以獲得減少守選年限的一批官員，其人員設置的變化從最初設立時的二十員，到唐肅宗上元二年又恢復為二十員，中間經歷了長安四年取消，之後不久即恢復；唐玄宗開元二十年至唐肅宗上元二年之間人數減為十員等幾個階段。為清楚展現演變過程，茲列表以說明：

唐代國子監大成人員設置沿革表

時間	龍朔二年之前（貞觀九年後）～長安四年	長安四年～開元之前	開元之前～開元二十年	開元二十年～上元二年	上元二年～唐末
人數	20	取消	20	10	20

三、學官之間的關係

　　學官中負責行政事務的監官與主管教學的學官之間是相互配合的關係。國子祭酒、國子司業主持國子監的日常政務，國子祭酒是國子監的總體負責人，而國子監的丞、主簿、錄事、亭長等人則是國子監日常事務的具體管理者，大量具體的工作都是由這些官員完成，包括學生的名籍、考課、紀律，以及教室的鋪設打掃都由他們負責。以上工作都是為了保障博士、助教等學官的具體教學工作順利開展。監官與學官的配合是國子監教學與管理工作順利開展的基礎。負責教學的官員與掌管行政事務的官員人數相當，突出了國

子監教學與管理工作的分工細緻。

國子祭酒、司業與其他學官的關係。雖然祭酒有考覈其下屬學官的職能，但是二者之間並不存在人事控制上的上下級關係。國子監長官祭酒從三品、司業從四品、國子博士正五品都要由皇帝任命。因為唐代規定庶官五品以上，由制敕任命，他們由皇帝制書除授，也就是他們的職位任免由皇帝和宰相決定，即使尚書省都無權決定。而國子監的其他學官由尚書省吏部選任黜退，國子監長官也無權決定。因此樓勁在《唐代的尚書省──寺監體制及其行政機制》一文中提出了所謂的隔級控制狀態。

但是，在唐代國子祭酒獲得了查訪舉薦學官的權力，將符合條件人員上報之後由朝廷追授。詳細內容參見本章「國子監的管理權限」一段。此外，國子祭酒對下屬學官有校其功過、進行考課的權力。國子祭酒是從三品，其考核由皇帝親考（唐代規定三品以上官員皇帝親考），宰相協助，尚書省錄其功過，「並以功過狀奏，聽裁」〔註47〕。國子司業由國子祭酒親自考定等第。其他學官每年都要由國子祭酒、國子司業按照「四善」與「二十七最」的原則，根據其訓導學生的成效和授經多少及優劣，評定等第，並將考核結果送交禮部，作為吏部進行統一考核的依據。

但是祭酒、司業的考核只是為尚書省提供參考，直接決定學官升黜的是尚書省。因此無論是在人事控制上、還是考核制度上，國子祭酒對下屬官員都沒有決定權，他們之間的關係相當鬆散。甚至出現下級學官不服管理，不通過長官直接與尚書省聯繫的越級情況。如唐穆宗長慶二年（822年）國子祭酒韋乾度上奏：「當監四館學生，每年有及第、闕員，其四方有請補學生人，（某些學官）並不曾先於監司陳狀，便自投名禮部，計會補署。」〔註48〕凡學生申請補闕入學者，按正常的程序，應該首先由學生本人向監司申請，經國子監學官審查合格，然後報禮部備案。國子監生，由尚書省補，祭酒統焉，更具體一點，將學生名單上報尚書省的學官應該是「掌判監事」的國子監丞，因為丞的職掌為：「掌判監事。凡六學生每歲有業成上於監者，以其業與司業、祭酒試之：明經帖經，口試，策經義；進士帖一中經，試雜文，策時務，徵故事；其明法、明書、算亦各試所習業。登第者，白祭酒，上於尚書禮部。」〔註49〕國子監學生及第等事都應該由國子監丞負責上報禮部。這種越權行

〔註47〕《唐六典》卷二《尚書吏》，第42頁。
〔註48〕《唐會要》卷六十六《國子監》，第1160頁。
〔註49〕《唐六典》卷二十一《國子監》，第558頁。

為，實際上反映了祭酒之下所屬學官與尚書省之間存在著某種對應的關係。尚書省掌握著大部分學官的人事控制權，祭酒與下屬學官之間人事關係鬆散，這就決定了六品以下學官，尤其掌管行政事務的學官與尚書省形成了比學官上下級之間更為牢固的統屬關係。另一方面，國子祭酒雖然屬於禮部下屬部門的官員，按規定應該向尚書省報告其政績和其他情況，但是遇到問題卻可以直接上聞皇帝，造成行政管理與人事管理的分離。這種複雜的上下級關係使所有學官必須共同對行政過程負責，在管轄和被管轄的同時「互相關鍵，用絕欺詐。」形成一種互相監督的體制。而這種隔級控制狀態也會帶來管理上的一些弊端，降低了處理複雜政務的效率，同時也會帶來案牘稽滯的現象。

第二節　學官的貢獻及作用

在漢代，博士作為朝廷最主要的學術官員，其職掌是相當廣泛的。張漢東在《論秦漢博士制度》〔註50〕文中，將博士的職責概括為議政、制禮、藏書、教育、試策、出使（巡視）等六項，體現了秦漢時期博士所從事的主要職務。《後漢書·百官志》敘博士之職為「博士十四人，比六百石。掌教弟子。國有疑事，掌承問對。」到了東漢時國家規定博士的職責就僅剩教授弟子，和朝廷有疑難事時接受諮詢兩項。而至唐代，制度規定的學官職責就只剩下了教授學生這一項，由此可見，學官的職能逐漸縮小了，官學教育出現了專業化趨勢。

學官作為國家官員，除了制度規定的本職工作，他們還要隨時聽命於皇帝差遣。唐代皇帝派遣官員執行某項任務並不僅僅在專門負責的部門內挑選，而是在所有官員中尋找合適的人選。唐代使職差遣制普及之後，由於使命多為臨時派遣，使官位與職責一一對應的關係進一步鬆動了，職能也不那麼穩固了。學官秉承皇帝的命令，所承擔的差遣使命主要集中體現在國家的文化建設、制度建設和社會政治等幾個方面。

一、文化上的貢獻

學官在文化上的貢獻主要體現在修書和學術研究領域。唐代的弘文館、崇文館和國子監「七學」都是兼有研究和教學任務的機構，集行政、教學和

〔註50〕載安作璋、熊鐵基《秦漢官制史稿》（上冊）齊魯書社，1984年版。

研究為一體，不但是官方學術人才的培養基地，其所屬學士、博士、助教等都是國家學術研究的主體。學官在任期間多從事一些與學術研究相關的事務，其中不少人甚至在致仕之後仍然把學術研究作為其畢生的追求，執著不懈。

　　唐初的國子祭酒顏師古考訂《五經》，祭酒孔穎達組織學官和有學問的朝官，主持編修了《五經正義》，這些工作，均是文化史上不朽的業績。據《新唐書・藝文志》所載，參預《五經正義》編撰的組成人員如下：

　　　　《周易正義》十六卷國子祭酒孔穎達、（前國子祭酒）顏師古、（國子助教）司馬才章、（太學博士）王恭，太學博士馬嘉運，太學助教趙乾葉、王談、于志寧等奉詔撰，四門博士蘇德融、趙弘智覆審。

　　　　《尚書正義》二十卷國子祭酒孔穎達、太學博士王德韶、四門助教李子雲等奉詔撰。四門博士朱長才蘇德融、太學助教隋德素、四門助教王士雄趙弘智覆審。太尉揚州都督長孫無忌、司空李勣、左僕射于志寧、右僕射張行成、吏部尚書侍中高季輔吏部尚書褚遂良、中書令柳奭、弘文館學士谷那律劉伯莊、太學博士賈公彥范義郡齊威、太常博士柳士宣孔志約、四門博士趙君贊、右內率府長史弘文館直學士薛伯珍、國子助教史士弘、太學助教鄭祖玄周玄達、四門助教李玄植王真儒與王德韶、隋德素等刊定。

　　　　《毛詩正義》四十卷孔穎達、（太學博士）王德韶、（四門博士）齊威等奉詔撰，（太學助教）趙乾葉、四門助教賈普曜趙弘智等覆正。

　　　　《禮記正義》七十卷（國子祭酒）孔穎達、國子司業朱子奢、國子助教李善信（太學博士）賈公彥柳士宣範義郡、魏王參軍事張權等奉詔撰，與（太學助教）周玄達、（四門博士）趙君贊、王士雄、（四門博士）趙弘智覆審。

　　　　《春秋正義》三十六卷孔穎達、（四門助教）楊士勳、（四門博士）朱長才奉詔撰。馬嘉運、王德韶、蘇德融與隋德素覆審。

綜上所述，這次儒家經典的大型修撰基本上是以學官為主體，其主要目的是為了修撰一部政府主持的、全國統一的學校標準教材。參預修撰的學官包括：國子祭酒孔穎達、顏師古；國子司業朱子奢；國子助教史士弘、司馬才章、

李善信；太學博士王恭、馬嘉運、王德韶、賈公彥、柳士宣、范義郡；太學
助教趙乾葉、隋德素、鄭祖玄、周玄達；四門博士蘇德融、趙弘智、朱長才、
齊威、趙君贊；四門助教李子雲、王士雄、李玄植、王真儒、賈普曜、楊士
勤等等。從參與範圍來看，國子監主管儒經教學的所有學官，上至國子祭酒，
下至四門助教全部參預進來；從學官的地域分布來看（以接受教育時的居住
地點為準），孔穎達冀州衡水人，顏師古京兆萬年人，朱子奢蘇州吳人，司馬
才章魏州貴鄉人、王恭滑州白馬人、永平賈公彥，馬嘉運魏州繁水人，賈公
彥洺州永年人、趙弘智河南新安人，分布地域橫越南北，縱跨東西，集一時
之俊彥，取南北儒學之長。孔穎達提出《五經正義》的修撰宗旨，「今奉明敕，
考定是非，謹罄庸愚，竭所聞見，鑒古今之傳記，質近代之異同，存其是而
去其非，削其煩而增其簡。此非敢臆說，必據舊聞。」〔註 51〕稱得上是一部
融合了魏晉以來南北學術思想之大成的著作。統一教材是手段，實現儒家思
想的統一，進而規範國民思想是根本目的。自魏晉以降，儒學內部的分歧不
但影響了儒學自身的學術地位，也不利於統治者實現思想統一。《五經正義》
撰成之後，並沒有立即頒行全國，而是先在國子監試行，由於《五經正義》
為多人著述，而且歷時僅一年時間，難免存在紕漏，當時就有「太學博士馬
嘉運駁穎達所撰《正義》，詔更令詳定，功竟未就。」〔註 52〕直到「高宗永徽
二年三月，詔（長孫）無忌及中書門下與國子三館博士、弘文館學士，刊定
故國子祭酒孔穎達所撰《五經正義》」〔註 53〕。《全唐文》卷一百三十六長孫
無忌《進五經正義表》記載參預刊定《正義》的學官，如下：

> 「前諫議大夫宏文館學士臣谷那律，國子博士宏文館學士臣劉
> 伯莊，朝議大夫國子博士臣王德韶，朝散大夫行太學博士臣賈公彥，
> 朝散大夫行太學博士宏文館直學士臣范義頵，朝散大夫行太常博士
> 臣柳宣通，直郎太學博士臣齊威，宣德郎守國子助教臣史士宏，宣
> 德郎守太學博士臣孔志約，右內率府長史宏文館直學士臣薛伯珍，
> 太學助教臣鄭祖元，徵事郎守太學助教臣隨德素，徵事郎守四門博
> 士臣趙君贊，承務郎守太學助教臣周元達，承務郎守四門助教臣李
> 元植，儒林郎守四門助教臣王真儒等，上稟宸旨，傍摭群書，釋左

〔註 51〕 《全唐文》卷一百四十六《尚書正義序》，第 1474 頁。
〔註 52〕 《舊唐書》卷七十三《孔穎達傳》，第 2603 頁。
〔註 53〕 《冊府元龜》卷六百八《學校部・刊校》，7303 頁。

氏之膏肓，翦古文之煩亂，探曲臺之奧趣，索連山之元言，囊括百
家，森羅萬有」。〔註54〕

參與刊定《五經正義》的學官中很大一部分就是當年參加孔穎達《五經正義》
編撰的學官。其中，學官王德韶已經由原來的太學博士升任為國子博士，四
門博士齊威已經升任為太學博士，官職沒有變化的有太學博士賈公彥、國子
助教史士宏、太學助教隨德素、四門博士趙君贊等人，這些修撰者的參加保
證了該著作的繼承性，有利於促進原著的進一步完善。這些編撰者與修訂者
同時又是教材的使用者，他們在教學實踐中更容易發現原教材的紕漏。唐高
宗永徽四年（653 年）三月壬子朔，《五經正義》修訂完成，正式「頒孔穎達
《五經正義》於天下，每年明經令依此考試」。〔註55〕除了《五經正義》以外，
貞觀十五年（641 年）成書的《文思博要》是另外一部由學官集體參預編修的
著作。《文思博要》並目一千二百一十二卷，其中正文一千二百卷，目十二卷，
參預編修的學官有「國子司業朱子奢、博士劉伯莊、太學博士馬嘉運」〔註56〕
等等。除了集體修書以外，學官個人也完成了大量的學術專著，在這些學術
著作中又以儒學著作為最，著作之多不勝枚舉。在燦若群星的創作群體中，
唐初孔穎達、顏師古等大師級學官的學術著作影響更為深遠，國子博士陸德
明、國子博士徐文遠等等也都是文化史上影響深遠的人物，他們都是中華民
族國學傳承的重要載體。

此外，律學、算學、書學的學官也在自己的學術領域獲得了很高的成就。
其中律學學官對國家的法制建設貢獻最大。唐高祖即位後開始對《開皇律》
進行損益，武德元年（618 年）十一月四日損益後的《開皇律》被作為臨時的
法令頒布實施。與此同時，尚書令左僕射裴寂等人參照《開皇律》開始撰定
新的律令，武德七年（624 年）三月二十九日《武德律》完成。參預此次編修
的學官有國子博士丁孝烏等人〔註57〕。自《武德律》之後，唐代又在此基礎
上不斷刪改，先後頒布了《貞觀律》、《永徽律》和《開元律》。其中《永徽律》
完成於唐高宗永徽二年（651 年）九月十四日，參與修訂的學官有「儒林郎守
律學博士飛騎尉司馬銳等」〔註58〕。唐玄宗時又在前代法律的基礎上進行了

〔註54〕《全唐文》卷一百三十六《進五經正義表》，第 1375 頁。
〔註55〕《舊唐書》卷四《高宗本紀》，第 71 頁。
〔註56〕《新唐書》卷五十九《藝文志》，第 1562 頁。
〔註57〕參見《唐會要》卷三十九《定格令》，第 701 頁。
〔註58〕《全唐文》卷一百三十六《進律疏議表》，第 1377 頁。

修訂，頒布新律法──《開元律》，唐代律法自此定型。其後不斷對其進行修正。在法律的修訂過程中學官發揮了很大作用，元和十三年（818 年）八月鳳翔節度使鄭餘慶修成《詳定格後敕》三十卷，參預編修的學官有國子博士林寶用等人。〔註 59〕除此之外，參加律令修撰者中也不乏曾經或後來擔任學官者，如參加《永徽律》修撰的令狐德棻，曾在唐高宗永徽年間擔任國子祭酒；參預神龍二年（706 年）散頒格、式修訂的祝欽明曾於唐中宗、睿宗時擔任國子祭酒等等。唐高宗曾提出「宜廣詔解律人修義疏奏聞」，通曉律令的學官為國家律法修訂作出了重要貢獻。

唐高宗顯慶元年（656 年），「（李）淳風復與國子監算學博士梁述、太學助教王真儒等受詔注《五曹》、《孫子》十部算經。書成，高宗令國學行用。」〔註 60〕正如現在的學校教育一樣，多數有價值的學術著作，都是在教學科研的過程中產生的，雖然載入史冊的律學、書學、算學的學官很少，有關他們著述的記載也寥寥可數，我們今天之所以未能親睹其著述的傳習，可能是因為封建王朝歷來重視儒學，律學、書學、算學不被時人看重有關。

《新唐書·藝文志》論唐以前的學術流變時說，自漢代以來「以為六藝、九種、七略，至唐始分為四類，曰經史子集」，《藝文志》中所統計的 53915 卷唐以前的著述是唐代士人治學的基礎，28469 卷新著則是唐代士人的學術成就。〔註 61〕在這些卷帙浩繁的著作洪流中，有多少作品是學官撰寫或參與完

〔註 59〕《全唐文》卷一百三十六《進律疏議表》，第 1377 頁。

〔註 60〕《舊唐書》卷七十九《李淳風傳》，第 2719 頁。

〔註 61〕參見陳尚君《新唐書·藝文志》，《唐研究》1999 第 5 卷，但是據筆者統計中華書局 1975 年 2 月第 1 版《唐書·藝文志》中，所錄甲部經錄和丙部子錄的統計數字與原記載不符。據筆者統計，雖然甲部經錄的總卷數與原記載 9505 卷相符合，但是在著錄書籍與未著錄書籍的數字統計上卻存在差別，其中著錄書籍的總卷數是 6135 卷，比原書所記載的 6145 卷少了 10 卷，未著錄書籍按重新計算為 3370 卷，比原書記載多出 10 卷。而丙部子錄部分無論是在總數量上，還是在著錄與不著錄典籍的統計數字上，統計結果與原書統計數字都不合。筆者重新計算的著錄與不著錄的典籍總數分別為 17146 卷和 5542 卷，合計為 22688 卷；而原統計的結果：著錄典籍為 17152 卷，不著錄典籍為 5615 卷，合計 22767 卷，二者出入相當大。是否中華書局 1975 年版本在各類的記載上出現錯誤呢？於是筆者將其與武英殿本《新唐書》就丙部子錄部分進行對照，發現武英殿本在相應部分雜家類和類書類的記載上與中華書局版本存在分歧，武英殿本的雜家類記載為 861 卷，類書類 1238 卷，而二者對於其他類的記載均相同，於是筆者通過對雜家類與類書類所列著作卷數進行合計，發現中華書局本所記數量是正確的。

成的呢？筆者通過對《新唐書‧藝文志》進行了粗略翻閱，經統計，結果發現，《新唐書》著錄作品中唐代學官的著作總共有 176 部，7381 卷（某些學官著作卷亡者未計算在內），占唐代學術創作總數 28469 卷的 26%，足以說明唐代學官在文化史上所作出的貢獻。學官的著作按照四部分類，各類的數量如下所示：甲部經錄 40 部、827 卷，乙部史錄 61 部、1907 卷，丙部子錄 33 部、3035 卷，丁部集錄 42 部、1612 卷。為清晰起見，唐代學官著述列表統計如下：

甲部經錄	類別	學官著作（部）	學官著作（卷）
	易類	4	192
	書類	1	20
	詩類	1	40
	禮類	6	270
	樂類	0	0
	春秋	12	214
	孝經	5	9
	論語	3	27
	讖緯	0	0
	經解	3	48
	小學	5	7
小計		40	827
乙部史錄	正史	13	815
	編年	1	30
	偽史	0	0
	雜史	2	33
	起居注	5	105
	故事類	0	0
	職官	3	43
	雜傳記	5	7
	儀注	11	336
	刑法	10	149
	目錄	3	221
	譜牒	5	132
	地理	3	36

小計		61	1907
丙部子錄	儒家	3	28
	道家	6	68
	法家	2	30
	名家	0	0
	墨家	0	0
	縱橫家	1	3
	雜家	4	26
	農家	1	12
	小說家	1	2
	天文類	0	0
	曆算	0	0
	兵書	4	29
	五行	0	0
	雜藝術	1	0
	類書	9	2830
	明堂經脈	0	0
	醫術	1	7
小計		33	3035
丁部集錄	楚辭	0	0
	別集	34	526
	總集	8	1086
小計		42	1612
總計		176	7381

　　由以上分析可以看出，國家各項制度法規的修訂，都少不了儒學、算學、律學、書學等各部門學官的參與，因為這些制度或法令不僅僅屬於他們的治學範疇，更是他們每日研講的教科書。但稍微留意即可發現，國家所有的制度建設都離不開儒學學官的參與，如參與修訂律法的儒學學官國子博士丁孝烏、國子博士林寶用等人；算經的注解有太學助教王真儒的參與；曆法的修訂也離不開儒學官員的參與，貞觀初年直太史李淳風對武德年間制定的《戊寅元曆》進行了修正，貞觀十四年（640 年），太宗將親祀南郊，由於李淳風的曆法與《戊寅元曆》在冬至時辰上出現差異，於是由「國子祭酒孔穎達等

及尚書八座參議，請從淳風」。〔註62〕國子祭酒孔穎達直接參議曆法的頒行。中國社會禮法合一，注重以史爲鑒，學官們通曉前言往行，各朝典制，有這些大儒參與各項典章制度的制定有利於避免制度上上重蹈其他王朝的失誤，也證實了唐初統治者以儒學爲治世之本的觀念。這體現了唐初儒學的盛況，唐中期以後，儒學逐漸不能適應形勢發展的需要，也因此失去獨尊的地位。

二、學官在社會政治中的作用

學官在社會政治中的作用主要體現在兩個方面：一是社會教化方面；另一項是直接參政。

（一）學官的社會教化功能。

學官履行社會教化功能的基礎是國家禮儀制度的建設，之後是禮儀執行過程中社會教化功能的體現。事實證明從制度的建立到禮儀的踐行都少不了學官的參與。

1、參與禮制建設

唐代教育領域的官員是參與國家禮制建設的一支重要力量，而其中尤以學士爲多。弘文館學士的職責除了掌詳正圖籍，教授生徒之外，另一個任務就是參議「朝廷制度沿革、禮儀輕重。」《新唐書·禮樂志》：「唐初，即用隋禮，至太宗時，中書令房玄齡、秘書監魏徵，與禮官、學士等因隋之禮，增以天子上陵、朝廟、養老、大射、講武、讀時令、納皇后、皇太子入學、太常行陵、合朔、陳兵太社等，爲《吉禮》六十一篇，《賓禮》四篇，《軍禮》二十篇，《嘉禮》四十二篇，《凶禮》十一篇，是爲《貞觀禮》。」〔註63〕《舊唐書》卷五：「調露元年。秋七月己卯朔，詔以今年冬至有事嵩嶽，禮官學士詳定儀注。」《舊唐書》中多次出現的「禮官學士」應該是句讀問題，應該理解爲禮官與學士，即掌禮官員與學士，而不應該理解爲「禮官學士」是修訂禮法的弘文館學士的別稱。〔註64〕因爲朝廷修訂儀注不可能不讓專門掌管禮儀的太常寺禮官參加，這在情理上是說不通的；因此這裡的「禮官」應該專指以太常寺禮官爲主的掌禮官員，而「學士」則應該包括所有參加禮儀修訂

〔註62〕《新唐書》卷二十五《曆志》，第 536 頁。

〔註63〕《新唐書》卷十一《禮樂志》，第 308 頁。

〔註64〕見李永賢《略論唐代的學士》一文中提出禮官學士是修訂禮法的弘文館學士之別稱。

的學士，既可以有崇文館學士、弘文館學士，也可以有翰林學士。

國子監職掌的記載中並沒有規定學官參議禮儀制度的職責，但從大量的史料記載中我們可以發現，學官在國家禮儀制度方面的貢獻是不容小覷的。關於這一點廖健琦先生在《試論唐代國子監在國家文化禮制建設中的作用》〔註65〕中已經有系統的闡述。廖先生主要從國子監官員參與禮法的討論與制訂角度，對於學官、監官在國家封禪禮、禘祫禮、明堂禮、凶禮等制度建設中所起的作用進行了詳盡的闡述，足以明確學官在國家禮儀制度建設中所發揮的作用，此處不再贅述。

2、踐行禮儀傳播教化

唐代宗廣德元年（763 年）六月——太常少卿楊綰曾上疏要求進行科舉制度改革，這次改革是針對安史之亂中「祿山一呼而四海震盪，思明再亂而十年不復。」〔註66〕局面的深刻反思。楊綰強調科舉應重視人才品德，主張恢復鄉舉里選制度。圍繞楊綰的奏議，引起朝廷內部的一場議論。大部分官員贊同楊綰的主張。其中左丞賈至提出實現教化的一條途徑即「其國子博士等，望加員數，厚其祿秩，選通儒碩生，間居其職。十道大郡，量置太學館，令博士出外，兼領郡官，召置生徒。」並且信心十足的保證，「朝而行之，夕見其利。如此則青青不復興刺，擾擾由其歸本矣。人倫之始，王化之先，不是過也。」把實現人倫、達到王化的希望寄託在國子博士人員的增加和太學館的建立上。通過這段議論，學官的社會教化功能可見一斑，學官的品行決定著社會風氣的走向。學官的社會教化功能主要通過各種國家禮儀來體現。

（1）行學禮

封建王朝設立學校、尊崇儒學，除了為國家培養治世之才外，還被統治者視為一種實現社會教化的手段，通過儒家思想的傳播達到教化臣民的意圖，學校禮儀就是實現後者的一條重要途徑。唐代的學禮有釋奠禮、視學禮、束脩禮和鄉飲酒禮等，這些禮儀都屬於吉禮範疇。每一種禮儀都有一套嚴格的、繁瑣的程序，這在前面國子監的職掌一節中有詳細論述，此處不再重複。整個的禮儀過程無不顯示出政治至上的理念。唐代的學校禮儀中嚴格的秩序與等級，向民眾彰顯的是國家嚴格的政治秩序與尊卑等級。

〔註65〕《河南師範大學學報》2005 年第 1 期。
〔註66〕《舊唐書》卷一百十九《楊綰傳》，第 3433 頁。

　　唐代從中央到地方州縣鄉里在制度上建立了一套完整的學校體系，中央官學擔負著育官與教化的責任，其中為國育官為主，教化為輔；而州縣鄉里的地方官學，體現的則是以教化為主，育才為輔的職責。州縣學校均由刺史、縣令總掌學事，而這些地方長官的一項主要職責即實現所管轄地域內的導揚風化，因此在考評標準中有「禮義興行，肅清所部，為政教之最」的規定。大曆九年（774年），太原王綱以大理司直兼縣令，既而釋奠於廟，退而歎曰：『夫化民成俗，以學為本。是而不崇，何政之為？「乃諭三老主吏，整序民，飭班事，大啟宇於廟垣之右，聚五經於其閒。以邑人沈嗣宗躬履經學，俾為博士。於是遐邇學徒，或童或冠，不召而至，如歸市焉。……故民見德而興行，行於鄉黨，洽於四境。父篤其子，兄勉其弟，其不被儒服而行，莫不恥焉。」在此則《崑山縣學記》中，處處強調興縣學的目的在於使民眾見德而興行。各鄉黨均勵德行，就能使這種行為影響遍布四境，實現全縣境內的德化。但終文之末都未曾有培育人才的誇辭。而且，在代宗以後，各州縣鄉里學校大多有名無實，單單修繕孔子廟就成為地方長官的政績，《全唐文》中有大量文章都記述的是修繕孔廟以及這件事所產生的風化大行的效果，卻少有關於招生、以及學生成才情況的讚譽〔註67〕，以上事實進一步證明地方官學教化大於育才的職能，而學官即是教化行為的傳播者。「諸州縣學生專習正業之外，仍令兼習吉凶禮。公私禮有事處，令示儀式，餘皆不得輒使。」〔註68〕州縣學生習吉凶禮儀是專習正業之外的另一項任務，目的是參與地方公私儀式，以展示禮儀，也是實現民眾教化的重要途徑，教化行為的傳播者就是各級學官。

　　（2）參與執行其他祭祀禮儀

　　國之大事，在祀與戎，祭祀與軍事並列為封建社會國家治理過程中最重要的兩件大事，而祭祀似乎比軍事的地位更加重要。因為國家不會總有戰事，大部分時間社會是比較安定的，那麼這個時候通過祭祀禮儀讓臣民懂得上尊下卑的社會秩序，實現教化，是穩定統治秩序的有效方法。統治者大部分都標榜以禮治天下，可見禮儀是維護封建統治秩序的重要工具。

〔註67〕此類文章眾多，如《全唐文》卷六百八《劉禹錫‧許州文宣王新廟碑》，卷四百四十三《程浩‧鳳翔府扶風縣文宣王新廟記》，卷一百八十三《王勃‧益州夫子廟碑》，卷一百九十二《大唐益州大都督府新都縣學先聖廟堂碑文並序》，卷一百九十二《楊炯‧遂州長江縣先聖孔子廟堂碑》等等，不一而足。

〔註68〕《唐會要》卷三十五《學校》，第634頁。

　　國家對主持、參與祭祀的人員並沒有具體要求，但從詔令中仍然可以發現國家選擇祭祀人員的條件。開元二十七年（739年）二月頒布的《太宗五享令宗子攝事詔》「宗廟致敬，必先於如在。神人所依，無取於非類。深惟至理，用切因心。其應緣太廟五享，於宗子及嗣王中揀擇有德望者，令攝三公行事。異姓官吏不須令攝。」〔註69〕太廟每歲「礿、祠、蒸、嘗、臘」〔註70〕稱五享。雖然此條詔令是針對參與太廟祭祀人員的選拔而下達，但同樣可以看出朝廷對於祭祀人員選用的重視，祭祀禮儀都是為了達到神人所依，以求得到神靈福祐，對祭祀人員的最基本要求是「無取非類」。另外，還必須是內心崇敬、發於至誠的有德者才能勝任。除了學校禮儀之外，唐代學官曾經主持或參與的祭祀，主要包括祭祀五嶽四瀆、風伯雨師，以及太廟致齋等。

　　　　開元二十五年（737年）時和年豐，為謝神，十月戊申敕「令兵部尚書兼中書令晉國公李林甫，工部尚書同中書門下三品豳國公牛仙客，即分祭郊廟社稷。尚書左丞相裴耀卿祭中嶽，禮部尚書杜暹祭東嶽，御使大夫李适之祭西嶽，太子賓客王丘祭北嶽，國子祭酒張說祭南嶽。其四瀆、四海、四鎮，及諸名山靈跡等，各委所由州長官祭，仍令所司即擇日奏聞。」〔註71〕

　　　　天寶十載（751年）正月南郊合祭天地大赦天下，二月己亥派專使分往致祭五嶽四瀆及諸鎮山，「遣嗣吳王祗祭東嶽齊天王，嗣魯王宇祭南嶽司天王，秘書監崔秀祭中嶽中天王，國子祭酒班景倩祭西嶽金天王，宗正少卿李成裕祭北嶽。」〔註72〕

　　　　天寶十四載（755年）三月因時雨未降下詔「令太子太師陳希烈祭玄冥，光祿卿李憕祭風伯，國子祭酒李麟祭雨師。」以祈雨。〔註73〕

　　　　穆宗長慶元年（821年）七月九日，孟秋「攝太尉國子祭酒韓愈，準式於太廟致齋」。〔註74〕

〔註69〕《唐大詔令集》卷七十五《太宗五享令宗子攝事詔》，第424頁。
〔註70〕《舊唐書》卷一百六十《李翱傳》，第4206頁。
〔註71〕《唐大詔令集》卷六十七《命宰臣等分祭郊廟社稷敕》，第376，《冊府元龜》卷33《帝王部·崇祭祀第二》與此同。
〔註72〕《冊府元龜》卷三十三《帝王部·崇祭祀第二》，第365頁。
〔註73〕《冊府元龜》卷一百四十四《帝王部·弭災第二》，第1752頁。
〔註74〕《唐會要》卷十八《緣廟裁制下》，第367頁。

依照太宗時的詔令規定，太廟祭祀是不允許異姓官吏參加的，但是後來範圍有所擴大，開元十五年（727 年）二月十五日敕：「享宗廟，差左右丞相、尚書、嗣王、郡王攝三公行事。若人數不足，通取諸司三品以上長官。」至開元二十三年（735 年）正月二十日，又有所變動「自今已後，有大祭，宜差丞相、特進、少保、少傅、尚書、賓客、御史大夫攝行事。」開元二十五年（737年）七月八日敕，「太廟每至五饗之日，應攝三公，令中書門下及丞相、師傅、尚書、御史大夫、嗣王、郡王中揀擇德望高者通攝，餘司不在差限。」將備選範圍進一步擴大，規定其餘司不在差限。時至開元二十七年（739 年）二月七日，又恢復了太宗時的規定，「其應緣太廟五享，於宗子及嗣王中，揀擇有德望者，令攝三公行事。異姓官吏，不須令攝。」元和四年（809 年）再次擴大範圍，敕令「如僕射、尚書等闕，即差京師三品職事官充」〔註75〕。國子祭酒是三品職事官，屬於充任宗廟祭祀候補人員的範疇。能夠參與太廟致齋，對於官員們來說是一種無上的榮耀。祭酒之所以能夠擔任這種角色，一方面因為自身熟知各種禮儀，有利於避免在繁瑣的祭祀程序中出錯、褻瀆神靈；更重要的一點在於他們自身具有某種特質，被統治者認為可以充當溝通神靈的中介，「宗廟致敬，必先於如在，神人所依，無取於非族」〔註76〕。

　　玄宗時開休元「除國子博士」，以「容止可觀，人倫師表，特預入廟行事，制加朝散大夫」〔註77〕。可見容止可觀、人倫師表是學官特准預入廟行事的原因。開元十五年（727 年）二月十五日，玄宗詔令中規定太廟祭祀之外的其餘祭享，「差諸司長官及五品已下清官」〔註78〕。國子監大部分學官都在清官或清望官的範圍之內。清望官，謂「內外三品已上官及中書、黃門侍郎、尚書左・右丞、諸司侍郎，並太常少卿、秘書少監、太子少詹事、左・右庶子、左・右率及國子司業」〔註79〕，包括國子祭酒和國子司業。四品已下、八品已上清官，包括五品國子博士，六品太學博士、國子助教，七品四門博士、太學助教，和八品四門助教〔註80〕，國子監大部分主管教學的學官都被涵蓋在內。

〔註75〕《唐會要》卷十八《緣廟裁制下》，第 367 頁。
〔註76〕《唐會要》卷十七《緣廟裁制上》，第 358 頁。
〔註77〕《全唐文補遺》第一輯《唐故朝散大夫國子司業上柱國開君（休元）墓誌銘並序》，第 132 頁。
〔註78〕《唐會要》卷十七《緣廟裁制上》，第 358 頁。
〔註79〕《唐六典》卷二《尚書吏部》，第 33 頁。
〔註80〕參見《唐六典》卷二《尚書吏部》，第 33、34 頁。

學官之所以成為國家禮儀中的重要角色，就在於統治者認為他們可以充當溝通神靈的中介。唐高宗乾封二年（667年）發布《祭圜丘明堂並以高祖太宗配帝詔》中引用《禮》曰：「化人之道，莫急於禮。禮有五經，莫重於祭。祭者，非物自外至也，自內生於心也。是以惟賢者乃能盡祭之義」〔註81〕，也即「神人所依，無取於非族」。封建統治者所標榜奉行的禮是儒家所制定和崇尚的禮，參與主持儒家祭祀禮儀的賢者也必然要符合儒家道德標準，學官作為儒家思想的傳承者，是以精通儒學、德高望重見長的，這種要求完全符合了禮對祭祀者的要求。

（二）學官在政治活動中的作用

1、充當與外邦交往的使者

封建中央王朝在與外邦交往的過程中，時時不忘展示中原的地大物博和服飾禮儀之美。朝廷對擔任外交和禮儀工作的出使人員有著特殊要求。黎虎先生在《漢唐外交制度史》中曾經分析了漢代有外交職能的專門官員——大鴻臚的選任條件，其中首要條件就是具有禮儀文化修養，另外還要形體容貌端莊。儀表堂堂、風度偏偏，代表了國家和政府的形象。後蜀的何光遠在《鑒戒錄》中記載：唐代有個人叫方干，缺唇，科舉連應十餘科，卒不得舉。有司曰：「幹雖有才，但朝廷不可與缺唇人科名，使四夷人聞之，謂中原鮮士。」體貌不端，有礙朝廷尊嚴，尤其怕被外邦笑話。那麼直接與外夷打交道的出使者，體貌要求是最基本的條件。對學官而言，能夠通過吏部「身、言、書、判」的考試，體貌必然符合豐偉的條件，為人師表，儀表與文化修養勢必要高人一籌。學官多為博學碩儒，其儒雅的氣質與修養必然使其在出使外邦的候選官員中佔有優勢。《新唐書》卷198《循吏·朱子奢》記載貞觀十六年（642年）任國子司業的朱子奢，曾經擔任出使新羅的使者。「太宗貞觀初，高麗、百濟同伐新羅，連年兵不解。新羅告急，帝假子奢員外散騎侍郎，持節諭旨，平三國之憾。子奢有儀觀，夷人尊畏之。二國上書謝罪，贈遺甚厚。」可見儀表在外交活動中的突出作用。朱子奢出使之前，太宗說過一段話：「海夷頗重學問，卿為大國使，必藉其束脩，為之講說。使還稱旨，當以中書舍人待卿。」〔註82〕揭示了出使外邦首選學官的原因。唐時位於朝鮮半島的高麗、

〔註81〕《唐大詔令集》卷六十七《祭圜丘明堂並以高祖太宗配帝詔》，第376頁。
〔註82〕《舊唐書》卷一百八十九上《朱子奢傳》，第4948頁。

百濟、新羅以及與我一衣帶水之邦的日本，深受儒家文化的影響，崇尚中原文化與禮儀，故而以學官出使這些邦國更為適宜。

　　代宗大曆初，國子祭酒蕭昕持節弔回鶻。

> 時回鶻恃功，廷詰（蕭）昕曰：「祿山、思明之亂，非我無以平定，唐國奈何市馬而失信，不時歸價？」眾皆失色。昕答曰：「國家自平寇難，賞功無絲毫之遺，況鄰國乎！且僕固懷恩，我之叛臣，乃者爾助為亂，聯西戎而犯郊畿；及吐蕃敗走，回紇悔懼，啟顙乞和。非大唐存念舊功，則當匹馬不得出塞矣！是回紇自絕，非我失信。」回紇慚退，加禮以歸。〔註83〕

可見出使外邦的使節除了要求儀表風度外，豐富的學識與辯駁的口才也是必須的條件。學識豐厚、精通與外邦交往的禮節，良好的口才與機智的頭腦是使者出使不辱使命，展示大國風采的必備條件。這些出使的官員對少數民族影響極大，許多外邦和境內的少數民族目睹大國使者的風采後紛紛向中原派遣留學生，入補國子監學習儒家經典。

　　除了出使外邦，學官在中央與藩鎮發生矛盾時，還充作朝廷派往藩鎮的宣慰使，充任中央與地方溝通的橋樑。《舊唐書》卷142《王武俊傳》記載：「會興元元年德宗罪己，大赦反側。二月，武俊集三軍，削偽國號。詔國子祭酒兼御史大夫董晉、中使王進傑，自行在至恆州宣命，授武俊檢校兵部尚書、成德軍節度使。」中央政府對藩鎮妥協之後，為了化解雙方矛盾，必然派遣聲望高、德行好的官員，冀望通過官員的個人魅力與品行，感化藩鎮的驕兵悍將，求得政局的暫時穩定。作為中央派遣與藩鎮溝通的官員，最為重要的一條，就是要品行忠貞，只有具備這個條件的使者才能在敵我力量對比不利的情況下，恪守臣節，維護朝廷利益。德宗時奸相盧杞奏請顏真卿出使宣慰李希烈軍時，曾言：「顏真卿四方所信，使諭之，可不勞師旅。」〔註84〕忠貞守信是這個時期朝廷選使的前提條件。朱滔、王武俊、田悅、李納等叛軍見到顏真卿後，均恭稱「聞太師名德久矣」，對顏真卿的品行極為崇重，雖然終因反覆威逼利誘不成將顏真卿殺害，但他的崇高氣節卻得到了賊軍的崇敬。可見，宣慰使個人的品行是決定出使成功與否的重要條件。

〔註83〕《舊唐書》卷一百四十六《蕭昕傳》，第3962頁。
〔註84〕《舊唐書》卷一百二十八《顏真卿傳》，第3595頁。

2、學官在武韋時期的特殊作用

毛蕾在《唐代翰林學士》一文中指出北門學士在高宗在世、武則天尚未完全控制朝局的情況下，發揮了重要作用。即為武后製造政治輿論並提供宣傳工具。高宗死後，武則天大權獨握，不必繼續躲在幕後操縱，北門學士也就失去了存在的基礎。學官在這一時期的作用與北門學士類似，但與北門學士不同的是學官在武則天登基以後的一段時期仍然發揮作用。

高宗死後，「則天居位之間，革命是懷」，〔註85〕中國歷來講究天無二日，國無二主，皇帝的唯一性，使武則天與自己的兒子——李唐社稷名正言順的繼承者，處於勢不兩立的境地。如此一來，李唐宗室，擁護李唐的元老，以及受儒家綱常倫理薰染的大臣子民，必然都站在了武則天的對立面。為了應付所有可能到來的挑戰，收人心攬人望，樹立個人權威，鞏固地位，她「不惜爵位，以籠四方豪傑自為助，雖妄男子，言有所合，輒不次官之」。〔註86〕並「詔內外文武九品已上及百姓，咸令自舉。」〔註87〕大範圍搜尋自己的支持者，並培養了一批死心塌地為自己效力的親信。武則天在位期間，大部分時間忙於平外、安內，穩定政局，根本無暇顧及教育，官爵都成為她培育黨羽的工具。《舊唐書·儒學上》稱「則天稱制，以權道臨下，不吝官爵，取悅當時。其國子祭酒，多授諸王及駙馬都尉。」〔註88〕武則天以這些至親為國子祭酒無非是為了培育個人勢力，並未考慮這些人的學問如何，往日，孔穎達等祭酒赴國學日，皆講《五經》，武則天時「諸王與駙馬赴上，唯判祥瑞按三道而已」。〔註89〕

通過武力鎮壓反對勢力之後，政局穩定下來，武則天逐漸把精力轉到對臣民進行思想控制的軌道上來。對儒學的利用就是通過控制儒家在中央的代表——國子祭酒的行為達到的。除了把國子祭酒的官職授予李重福、武三思等至親以外，她還任用了一些急功近利之人擔任此職，如李嶠。《唐詩紀事》記：「嶠有三戾；性好榮遷，憎人陞進；性好文章，憎人才華；性貪濁，憎人受賂。」〔註90〕《容齋隨筆五集·容齋四筆》評價說：「李嶠、楊再思相唐中

〔註85〕《舊唐書》卷八十七《史臣曰》，第2858頁。

〔註86〕《新唐書》卷七十六《后妃上》，第3479頁。

〔註87〕《舊唐書》卷六《則天皇后本紀·則天武皇后傳》，第117頁。

〔註88〕《舊唐書》卷一百八十九上《儒學上》，第4942頁。

〔註89〕《舊唐書》卷一百八十九上《儒學上》，第4942頁。

〔註90〕《唐詩紀事》卷十《李嶠》，第146頁。

宗，皆以諛悅保位，為世所詆」。〔註91〕武則天在這個時期所任用的以李嶠為代表的這些學官毫無德行可言，但只有他們才能在名利驅使下，不惜曲解聖賢之書，為違反儒家信條的女主統治鋪路。對於李嶠「則天深加接待，朝廷每有大手筆，皆特令嶠為之。」李嶠所擬定詔令包括《大周降禪碑》、《宣州大雲寺碑》、《代百僚請立周七廟表》、《為朝集使等上尊號表》、《為百僚賀雪表》、《為百僚賀日抱戴慶雲見表》、《為納言姚等賀瑞桃表》、《為百僚賀瑞筍表》、《為韋右相賀拜洛表》、《為秋官員外郎李敬仁賀聖躬新牙更生表》、《為武承嗣等賀賊平後新殿成上禮食表》等等，為武周統治在思想與制度上鋪平了道路。李嶠在這些詔令中極盡阿諛奉承之能事，為武則天的統治歌功頌德，這些行為是受儒家思想薰陶、正統的士大夫所不齒的行為，武則天提拔李嶠為國子祭酒就是利用其性好榮遷的本性，借助其文筆才氣為喉舌，並賦予其國子祭酒這個清望的官職，提高其社會地位，使其言論獲得最大限度的影響力，從而對社會輿論、民情導向產生重大的影響。除了李嶠，為武則天正位及統治起過舉足輕重作用的學官還有國子祭酒祝欽明、國子司業韋叔夏與國子博士郭山惲等，「則天將拜洛及享明堂，（韋叔夏）皆別受制，共當時大儒祝欽明、郭山惲撰定儀注。凡所立議，眾咸推服之。」〔註92〕久視元年（700年），則天皇帝特下制曰：「吉凶禮儀，國家所重，司禮博士，未甚詳明。成均司業韋叔夏、太子率更令祝欽明等，博涉禮經，多所該練，委以參掌，冀弘典式。自今司禮所修儀注，並委叔夏等刊定訖，然後進奏。」〔註93〕武則天越過司禮博士，把國家各項禮儀儀注，均交由她所指定的這幾個人刊定，原因並不真的在於司禮博士對於吉凶禮儀「未甚詳明」，而是要將這些禮儀規範按照有利於武則天統治利益的方向重新審定。至於如何才能做到使人信服、有理有據，這些就是精通儒家經典，而又能為了名利不顧節操的學官們的拿手好戲了，祝欽明之流的本事就是可以把經典曲解到讓人無法挑剔的地步。

　　武則天本著「附己為愛」、背我為仇的原則，「苟一言之不順，則赤族以難逃。」〔註94〕她在位期間並非沒有德高望重的人擔任國子祭酒，但這些人往往因不能附勢而遭到排擠。郭正一曾在唐高宗在位時期擔任宰相，他「明

〔註91〕《容齋隨筆五集・容齋四筆》卷第十六《李嶠楊再思》，第158～159頁。
〔註92〕《舊唐書》卷一百八十九《韋叔夏傳》，第4964頁。
〔註93〕《舊唐書》卷一百八十九《韋叔夏傳》，第4964頁。
〔註94〕《舊唐書》卷八十七《使臣曰》，第2858頁。

習故事，文辭詔敕多出其手」〔註95〕，在武則天統治期間他曾被授予國子祭酒的職位，但時間不長就被酷吏周興誣構殺害，家遭籍沒、妻子流放。「重節義然諾」的朱敬則也曾在武則天統治時期擔任過國子祭酒，卻因「固辭不與」張易之組織的名儒團體，而被「出為鄭州刺史」〔註96〕。由於國學學官任用混亂，聖曆二年（699年）十月時擔任國子祭酒的韋嗣立曾上疏極諫：「臣聞古先哲王立學官，掌教國子以六德、六行、六藝，三教備而人道畢矣。《禮記》曰：『化人為俗，畢由學乎。』學之於人，其用蓋博。故立太學以教於國，設庠序以化於邑，王之諸子、卿大夫士之子及國之俊選皆造焉。八歲入小學，十五入大學，春秋教以《禮樂》，冬夏教以《詩書》。是以教洽而化流，行成而不悖。自天子以至於庶人，未有不須學而成者也。」〔註97〕文中講到教育的作用時極少提到仁義忠信，單強調「禮」、「行成而不悖」、「不悖」，即不違上，順從統治者，效忠女皇。也許作為士大夫，韋嗣立也會感到扶保女皇是對李唐王室的不忠，強調忠孝有愧於心，因而文中僅強調賢與禮，於忠、孝兩條隻字不提，無非也是一種明哲保身的做法。以國子祭酒為代表的學官群體，或阿諛、或明哲保身，都喪失了原則，淪落為武則天統治的得力輿論工具。「上之所好，下必有甚者」，〔註98〕在武則天恩威並施的手段之下，趨炎附勢之徒並進，「至於博士、助教，唯有學官之名，多非儒雅之實……生徒不復以經學為意，唯苟希僥倖」。〔註99〕以國子祭酒為首的學官們的行為對國學的學風造成了重大影響，「遂使講座作俳優之場，學堂成調弄之室。嗇夫利口，可以驥首先鳴。」〔註100〕國學的這種混亂狀況一直延續到唐睿宗統治時期。

唐中宗復位，朝廷政權把持在皇后韋氏手中，她效法武則天企圖做歷史上第二個女皇帝。她吸取武則天的經驗，利用國子祭酒在學術界的地位，讓他們為自己提高聲望出謀劃策。一些品性不端的讀書人繼續粉墨登場充任學官，僅以國子祭酒為例：就有挾小道以進的葉靜能、匿親喪忌日的祝欽明、為武后登基賣力的韋叔夏、性貪冒的崔挹、道士史崇恩、以及皇后韋氏的妹夫陸頌等等。韋后效法武則天的意圖十分顯見。在這些學官中國子祭酒葉靜

〔註95〕《新唐書》卷一百六《郭正一傳》，第4042頁。

〔註96〕《新唐書》卷一百十五《朱敬則傳》，第4218～4220頁。

〔註97〕《舊唐書》卷八十八《韋嗣立傳》，第2866頁。

〔註98〕《唐鑒》卷之九《玄宗中》，第8頁。

〔註99〕《舊唐書》卷一百八十九上《儒學上》，第4942頁。

〔註100〕轉引自《登科記考》卷五景雲三年，第155頁。

能、韋叔夏，國子司業郭山惲等人更是武后登基的得力助手，在為韋氏造聲勢的過程中，二人如法炮製，假託儒家禮法使韋皇后獲得南郊助祭的權力，提升了地位。一直到唐睿宗景雲元年（710 年）十二月，國子祭酒祝欽明被御使倪若水彈劾，被罷為饒州刺史，國子監的這種用人混亂的局面才告結束。

　　國子祭酒之所以能夠在武、韋時期發揮如此重大的政治作用，原因就在於這一職位非同尋常。由於其選任標準嚴格，非德高望重的儒學大師不用，因此在儒學占統治地位的社會中，這一職位就成為社會輿論導向的航標，也成為政治家們用以達到某些目的的工具。不過，韋皇后最終失敗了。武成而韋敗的原因諸多，但主要原因在於韋后的貪欲完全是因為唐中宗的縱容所致，其政治才能根本無法與武則天相提並論，況且女主風波剛剛平息，再次出現女帝的社會條件已不復存在。

　　由於唐中宗韋后意圖重步武則天的後塵，所以學官的政治作用在這一段時期一直都沒有減弱，伴隨著韋氏集團的覆滅、唐睿宗的登基，學官在政治生涯中的輝煌時期也結束了。如果說學官在唐代草創初期至武韋時期仍然被統治者當作精神領袖、能夠起到安定人心、穩定局勢的作用，那麼在社會秩序穩定之後、精神統治的作用讓位於法制統治的時候，學官的社會政治作用也就逐漸削弱了。正因如此，唐玄宗以後學官被世人視為「閒職」、「散秩」。學官的政治作用隨著社會秩序的變動發生了由重到輕的變化。

　　李浩在《唐代三大地域文學士族研究》中分析陳寅恪先生關於地域與家族之關係時講到：「士族是文化資源的合法繼承人，尤其是對儒家經典制度不遺餘力地保存傳承，對華夏學術之薪傳貢獻最大，他們對學術之興衰有一種強烈的責任感，故可以說他們是文化之守護人。士族雖參與到官僚政治的運作過程中，但因其有特殊的社會地位，故往往具有某種超越性和獨立性，他們往往以學術資源擁有者的身份，在對傳統闡釋中具有一種特殊的話語權，對現實政治的運作具有某種干預和制衡。在中國這樣一個官本位、政治本位的社會中，士族與現行統治集團所保持的距離，使中古時期社會與政治、民間與政府之間具有某種微妙的張力」。〔註101〕學官具有對傳統進行闡釋的權威地位，能夠體現受任者的儒學成就，必然成為文學士族趨之若鶩的職位，而士族們的社會地位、家學淵源都使得學官在社會輿論中的作用進一步加強，這也是學官之所以在武韋時期能夠發揮特殊作用的原因。士族依靠文化資本

〔註101〕參見李浩：《唐代三大地域文學士族研究》，第 228 頁。

及文化解釋的傳統話語權，在政治面前保持一定的獨立性，這種理念也是使得士族衰落甚至消亡後仍然存在於民間的無意識之中，使人們對文化權威仍保持幾分敬畏的原因。民眾對於文化權威的這種敬畏正是統治者取得廣大民眾政治支持的精神基礎。以武則天為代表的統治者正是看準了學官這種精神領袖的地位，適當加以運用，使其成為政治統治的附庸。

從唐代整個歷史時期來看，學官的社會政治作用十分有限，從未起過決策的作用，一般情況下只是擔任對統治者進行政治輔導的角色，充其量只能對社會政治發展起到一個思想引導的作用。即使是在其政治上最輝煌的時期也只是從禮儀角度對政治局勢起到推動而非決定作用。正是從政治作用角度，在唐代大部分時間中學官常常被稱為閒職。但是從社會發展的角度來講，他又是實現社會文化傳承，實現政治教化、穩定政治統治所不可或缺的。這就是決定學官社會地位清望、實際政治地位不高的根本原因。而這些特徵也使學官成為安置失勢重臣的重要職位，這一點在下文中有詳細闡述。唐代學官的社會政治地位不能估計過高。他們在政治上發揮作用比較大的時期不過是武韋時期短短幾十年的時間，大部分時期皇位繼承都遵循正常的退位登基制度。因此不能以某一特殊時期的作用當做所有歷史時期通用的公式。

（三）學官政治作用的影響因素

第一，學官的社會地位限制了其政治作用的發揮。

學官是教師的一種，禮敬教師在中國古代有著悠久的歷史，按《呂氏春秋・尊師》的說法，「古之聖王未有不尊師者也」。如傳說中的神農就以「悉諸」為師，黃帝則拜「大饒」為師；周文王、武王則分別以呂望、周公旦為師。承此餘緒，後世君主也多例行此道。最典型的例子就是對於教師「無北面」的規定。《禮記・學記》：「當其為師，則弗臣也。大學之禮，雖詔天子，無北面，所以尊師也」。所謂「無北面」是指教師不面向北朝見天子。古代南面為尊，因此皇帝都是面南背北，臣下皆面向北朝見，為了表示對教師的尊敬，特別免去教師朝覲天子時像其他臣子一樣遵循相同的禮儀。統治者認為只有尊師才可以推進教育，尊師然後才能尊道，「尊道，然後民知敬學」。因此尊師被看作治理天下的根本，即「君師者，治之本也。」〔註102〕荀子甚至認為，政治清明的國家「必尊師而重傅」，昏庸的君主、破敗的國家「必賤師

〔註102〕《荀子・禮論》。

而輕傅」。因此歷史上凡勵精圖治的君主，都努力尊師敬賢。

但歷史事實卻證明，社會聲望越高的職位反而越是不易獲得政治權勢，一些皇帝的近侍、僕從等階位低下者反而更易得到權勢。近代學者已經注意到，中國古代政治制度的發展過程中存在這樣一種現象，「古之宰相，皆以僕從小臣得人主信任，其始權藉雖崇，階位猶下，最後乃直取名以號公輔」，〔註103〕陶希聖、沈巨塵先生在《秦漢政治制度》一書中也提出「君主的近臣，此起彼伏的迭相形成政府的重要執政者」。〔註104〕韓國磐先生在《略論由漢至唐三省六部制的形成》〔註105〕和陳仲安《漢唐職官制度研究》〔註106〕中也闡述了類似的觀點。最典型的例子就是漢武帝時期曾經提拔了一批資望較輕的中下級官吏作為他的侍從，組成中朝，出謀劃策、協助皇帝處理重大政務，使得當時一切決策均由中朝做出。這些侍從官員發展到唐朝就成為了宰相。唐代宰相機構尚書、中書、門下三省的長官，究其根本都是從皇帝身邊的職位較低、娛侍君主的近臣演變發展而來的。由於這些位卑權重的近臣比權高望重的大臣更容易操縱控制，便於皇帝專權，因此在專制皇權逐步強化的情況下，這些近臣日益把持朝廷大權，進而替代了原來的宰相、權力凌駕了其他大臣。一旦成為宰相，獲得了聲望地位，又會逐步被皇帝削弱權勢，改而扶植另外一批親信，接手宰相的職責，宰相又僅剩了有望無權的一個空殼，歷代宰相的更替就是遵循這個前後相仍的規律循環的。由於教師在皇帝身邊自始至終扮演的都是一個道的承擔者的形象，君主對老師只有尊敬的成分，所以《禮記·學記》說：「君子知至學之難易而知其美惡，然後能博喻，能博喻然後能為師，能為師然後能為長，能為長然後能為君。故師也者，所以學為君也，是故擇師不可不慎也。《記》曰：『三王、四代唯其師。』此之謂乎！凡學之道，嚴師為難。師嚴然後道尊，道尊然後民知敬學。是故君之所不臣於其臣者二：當其為尸，則弗臣也；當其為師，則弗臣也。大學之禮，雖詔於天子，無北面，所以尊師也。」〔註107〕師道尊嚴的界限，劃定了師與君之間的距離。由於學官均由具備一定社會聲望的人擔任，又處於為帝所尊的崇

〔註103〕章太炎：《檢論》卷七《官統》，《章氏叢書》第四冊，上海古書流通處印行。
〔註104〕陶希聖、沈巨塵：《秦漢政治制度》商務印書館1937年版，第2頁。
〔註105〕《廈門大學學報》1988年第3期。
〔註106〕陳仲安、王素：《漢唐職官制度研究》中華書局1993年版，第2頁。
〔註107〕《禮記集解》卷三十六《學記》，第968頁，〔清〕孫希旦撰，沈嘯寰，王星賢點校，中華書局1989年2月第1版。

高地位，故而不如位卑近臣易操縱；而且隨著歷史的推移，師多受儒家思想的薰陶、修養很高，心懷儒家的政治理想，因此較為倔強，不易控制。如果再給予其政治大權，恐怕會形成凌駕於皇帝之上的勢力，這是對皇權專制的一種威脅。因此這一切決定了學官只能成為被諮詢者，而不能成為皇帝的近臣與娛侍，更不會成為皇帝的心腹，皇帝對他們的態度只能是敬而遠之。因此這也決定了他們在歷史上社會地位很高，在政治上卻不會有太大的作用。

　　另一方面從政治統治的角度考慮，統治者對待學官的態度可以看成是一種敬而不（重）用的態度。因為儒家思想在為封建統治階級整體利益服務的同時，又對君主的權力有所限制，雖然君權至上，但皇帝也不能夠縱容自己的欲望任意行事，甚至肯定推翻無道君主的正義性。大多數君主雖然都有實現天下大治的理想，但往往不可抑制對專權和縱慾的渴望，這些正是與學官所恪守的、儒家所崇尚的崇高理想和道德至上的原則相違背。儒家學說代表的是整個封建地主階級的利益，它所提倡的治國方針與倫理道德，都是為維護封建統治階級的整體利益服務，因此包括君主在內的所有人都應該遵守，統治集團和君主個人不能為了一時之需而違反。儒家思想與封建統治者的個人利益不可能完全一致。傳統儒家學者認為用天命對皇帝進行監督和譴責是自己的使命，因為「唯天子受命於天，天下受命於天子，一國則受命於君。君命順，則民有順命；君命逆，則民有逆命；故曰：一人有慶，兆民賴之。此之謂也！」〔註108〕「天子受命於天，諸侯受命於天子，子受命於父，臣妾受命於君，妻受命於夫。諸所受命者，其尊皆天也，雖謂受命於天亦可。天子不能奉天之命，則廢而稱公，王者之後是也；公侯不能奉天子之命，則名絕而不得就位，衛侯朔是也；子不奉父命，則有伯討之罪，衛世子蒯聵是也；臣不奉君命，雖善，以叛言，晉趙鞅入於晉陽以叛是也；妾不奉君之命，則媵女先至者是也；妻不奉夫之命，則絕，夫不言及是也；曰：『不奉順於天者，其罪如此。』」〔註109〕正是由於一切權力的根源都源於上天，因此秉承儒道的學官便可以天子不奉天之命而要求廢之。使得皇帝不得不一方面利用崇儒、尊師來達到治理天下的目的，使天下臣民均遵守儒家所提倡的治國方針和倫理道德，以維護封建統治。另一方面又儘量避免在加強專制君權的行為中受

〔註108〕《春秋繁露》卷十一《唯人者天》，第65頁。董仲舒著，上海古籍1989年9
　　　　月第1版。
〔註109〕《春秋繁露》卷十五《順命》，第85頁。

到以師為代表的宿儒的指責。在中國封建社會的歷史上，君主專制集權是在逐步加強的，能夠對黃帝指手畫腳的師、傅等學官自然要被君主遠遠排斥在政治決策集團之外。只是在某些看似重要、實際卻無關痛癢、不能影響朝廷政治決策的禮儀、文化制度等方面發揮作用，比如宗廟社稷禮儀、禮制服制等等方面。這些禮儀制度雖然屢屢被強調為關乎江山社稷，但卻對時政無多大影響。表面將學官的地位提的極高、尊崇、畢恭畢敬，暗地裏卻背著他們搞著一些違背儒家政治理想的活動，並在適當的機會將學官抬出，讓他們尋經據典為統治者即將發生的行為尋找理論根據。

　　第二，經濟地位的影響。

　　孟子云：「無恆產而有恒心者，唯士為能。」這裡的「恒心」是指理想上的一種信念，與孔子所謂的「士志於道」的「道」是一脈相承的關係，說明傳統儒家思想一開始就強調士是道的承擔者。而學官在封建社會是傳承道的主要載體，韓愈講「師」是傳道授業解惑的人，是士的一部分，也是「無恆產」的。儒家強調「君子謀道而不謀食」，講究君子喻以義，小人喻以利，學官們應該學問等身，應該修身潔行，卻不必置業。唯物主義指出「經濟基礎決定上層建築」人們自身的物質基礎也對人的精神、意識有著重大影響，《管子・牧民篇》即講到「倉廩實而知禮節，衣食足而知榮辱」，人們只有在衣食無憂的情況下才能進行精神創作，當飯碗掌握在別人手中、每天需要為生存擔憂的時候，就不再是「勞心者」。李福長先生在《唐代學士與文人政治》緒論中就此問題講到「我們有理由說中國傳統的知識分子是可憐的，是真正意義上的國家『乞丐』。」「乞丐」一詞運用雖不雅，但是從高士韓愈為生計尚且不免伺侯於公卿之門，向權貴三上書乞憐的事實，又恰恰證明了「士無恆產」的悲哀。正是由於生計前途都掌握在統治者手中，學官就避免不掉淪為統治者與政治權勢的附庸，當社會政治清明，統治者重視文化、看重文人的時代，學官即可勞心於精神、志於道；當統治者的愛憎發生變化，文化不再被看重，學官就不得不為生計而奔忙，為迎合統治者的愛憎而卑躬屈膝。這是學官社會地位發生變化的經濟根源。

　　第三，學校距離皇帝的遠近對學官政治作用發揮的影響。

　　楊鴻年先生在《漢魏制度叢考》〔註110〕中指出漢代官員通常以其官署距離皇帝的遠近，可以區分為宮外官、宮官和禁省官三類，並且分析了三者因

〔註110〕《漢魏制度叢考》武漢大學出版社，1985年版。

為距離宮禁遠近的差別，造成宮外官往往受制於宮內官的情況。祝總斌先生也在《兩漢魏晉南北朝宰相制度研究》〔註111〕通過對漢代尚書臺、中書省、門下省與王宮距離的關係，探討了官署布局與權力演變發展的關係。這種關係在唐代仍然適用，毛蕾提出「中唐時期出現的翰林學士，則再一次體現了皇帝集中權力，從而使親近之職得以在政治上發展的特點。」〔註112〕並且提出翰林學士院地理位置的確定為進一步體會唐代官署布局與權力演變發展的關係提供了依據。以上諸位學者的觀點都說明官署的地理位置與官員的政治作用之間存在著某種特殊的聯繫。唐代國子監地理位置對於理解學官的政治地位有著重要的參考價值。尤其歷史上國學與皇帝處理政務的宮殿距離的變化有利於進一步理解學校社會地位的演變，與學官政治地位的演變歷程。

周代明堂（辟雍、太廟）是一個集教育、宗教、政治等為一體的建築，教育與政治等活動尚未出現具體分工。隨著封建社會的進步，官僚體系的逐步健全，教育開始逐步從政治中脫離出來，而教育建築也出現遠離政務中心的趨勢。春秋時期私學興起，官學教育成就不突出，秦代推行法制，以吏為師，未曾見到有關國學教育的記載。漢代官學獲得了很大發展，漢武帝根據董仲舒的建議而創立太學，當時，太學內只有博士弟子五十人，到了成帝時，已發展到三千人。《長安志》引《關中記》云：「漢大（太）學、明堂，皆在長安南安門之東，杜門之西。」由《史記索引》注引曰「《關中記》云明堂在長安城門外，杜門之西」，可見太學與明堂皆位於長安宮城之外，方向在宮城之南的安門之東，也就是位於宮城的東南部〔註113〕。王莽執政時，擴大太學，「為學者築舍萬區」。〔註114〕太學位置沒有變動，只是在原有基礎上擴大了規模。東漢遷都洛陽，光武帝重建太學，據史載：「光武初興，愍其荒廢，起太學博士舍、內外講堂，諸生橫巷，為海內所集」。〔註115〕具體時間在漢光武帝

〔註111〕《兩漢魏晉南北朝宰相制度研究》中國社會科學出版社，1990年。
〔註112〕毛蕾《唐代翰林學士》，第11頁。
〔註113〕參見《唐兩京城坊考》之《唐長安城復原圖》。「西漢長安城平面示意圖」。黑龍江人民出版社1994年7月第1版。據《三輔黃圖》記載：「太學在長安西北七里」。此處長安當是指唐代長安，意思為漢代太學在唐代長安城的西北七里處。因為《長安志》敘唐城普寧坊西街，有漢太學遺址，其地本（漢）長安故城南安門之外，而普寧坊是位於唐代長安城的西北部，漢長安故城的東南部。
〔註114〕《漢書》卷九十九上《王莽傳》，第4069頁。
〔註115〕《後漢書》卷四十八《翟酺傳》，第1606頁。

建武五年（29 年），校址在洛陽南門外，校內有「講堂長十丈，廣三丈，堂前石經四部。」〔註 116〕太學仍然被設在洛陽宮城之外，距離皇宮八里處。自東漢和帝以後，外戚和宦官之間的矛盾和鬥爭日益尖銳，政治腐敗，太學日趨衰落。直到漢順帝時，在左雄、翟酺上書建議下，重新修繕了太學校舍，並擴建了二百四十房，一千八百五十室。〔註 117〕此次是在光武時期太學原來校址的基礎上進行的修繕與擴建。

自曹丕奪取漢朝政權，到東晉滅亡，共約二百年。在這期間，官學教育的整體狀況可以概括為廢置不常的狀態，雖然這期間有關國學教育在建制等若干方面出現了不少創新，但是由於各朝國祚短促，成就不大。據張連生先生的考證〔註 118〕，三國東吳時期沒有真正的太學或國學存在。西晉最高學府存在國學與太學兩個名稱，教學對象也存在差異，但是國學是太學的分校，二者統一於太常寺的管理之下，但是其地理位置已不得而知。東晉成帝咸康三年（337 年）興建太學，位置在秦淮河南，東晉孝武帝興建國學，位置在秦淮河西面，並將原來的太學與國學合併到一處，此後這個制度一直延續。唐朝人許嵩在《建康實錄》卷九《晉中下・烈宗孝武皇帝》記載說：「（太元）十年春，尚書令謝石以學校陵遲，上疏請興復國學於太廟之南。」其後注釋曰：「案《輿地志》：（晉國學）在江寧縣東南二里一百步，古御街東，東逼淮水。當時人呼為國子學。西有夫子堂，……初，顯宗咸康三年，立太學。在秦淮水南，今升橋地，對東府城南小航道西。在今縣城東七里，廢丹陽郡城東，至德觀西，其地猶名『故學』。江左無兩學，及（孝）武帝（按：《建康實錄》原文作「武帝」，誤。）置國學，併入於今處也。」〔註 119〕可見國學、太學同在都城之東南，在秦淮水南，距宮城較遠。北朝教育比南朝發達，魏道武帝初定中原就在京都平城設立太學，太武帝始光三年（426 年）春，又在城東建立一所太學，公元 493 年，孝文帝遷都洛陽，「詔立國子太學、四門小學」，「（北魏）孝武時，以太學在水南懸遠，有司議依升平元年，於中堂權立行太學。」〔註 120〕可知北魏遷都洛陽之後，由於太學與皇宮距離遙遠，因此舉行釋奠禮時只得在中堂權且設立臨時的太學作為祭祀之地。

〔註 116〕轉引自陸機《洛陽記》。
〔註 117〕《後漢書》卷七十九上《儒林傳序》，第 2547 頁。
〔註 118〕張連生《六朝太學與國學考辨》，《史學集刊》2006 年第 5 期。
〔註 119〕《建康實錄》卷九《晉中下・烈宗孝武皇帝》，第 209 頁。
〔註 120〕《晉書》卷二十一《禮志》，第 670 頁。

　　唐代長安國子監位於「（務本坊）半以西」〔註121〕，「監東開街若兩坊，街北抵皇城南，盡一坊之地。」即在宮城之外，位於皇城之南，朱雀大街之東，亦即位於宮城之東南方向，與宮城安上門隔街相對，屬萬年縣管轄。東都國子監距離宮城更遠，宮城在洛陽北部，而國子監在宮城之南。貫通南北的定鼎門街相當於西京的朱雀大街，是宮城南部南北向的中央主街，國子監位於定鼎門街東第二街，從南數第二坊的正平坊（或「政平坊」）。

　　可見，自漢代以來國學建制都秉承著「太學在郊」的主旨。國學與政務中心的距離相對於其他政府部門來說要遠得多。歷史證明越是在政治上重要的部門距離皇帝辦公的地方越近，主要是為了方便皇帝隨時召問奏對，以便及時處理政治事務。從周代教育與政治建築合二為一起，到漢代以後，國學基本都位於作為政治中心的宮城之外，側面反映了負責教育的官員在國家政治事務中的作用也逐漸削弱。漢代時博士除了教授學生之外，尚且有議政、出使等職責，而至唐代則只剩教授學生一項。雖然在實際工作中，仍然少不得參與國家政務的處理，但是僅僅限於普通意義上的參與，至少在制度上失去了漢代那種關於博士議政等方面的規定。國學與皇帝處理政務的辦事地點距離遠與學官的政治作用降低之間雖然不存在直接的因果關係，但是學官的辦事地點遠離皇帝的辦公地點必然影響到學官政治作用的發揮。換句話說，假若學官的政治作用大、被皇帝所倚重，皇帝也不會允許其辦公機構遠離自己。可見，二者之間存在一種相輔相成的關係。

　　禮制規定也對教育建築的位置變化有很大影響，它在學官與政治權力之間搭起一道天然的屏障。《禮記・王制》曰：「諸侯天子命之教，然後為學。小學在公宮南之左，大學在郊。天子曰辟雍，諸侯曰頖宮。」《尚書傳》解釋郊的範圍曰：「百里之國，二十里之郊；七十里之國，九里之郊；五十里之國，三里之郊。」〔註122〕也就是說都城面積越大，郊的範圍也愈廣，國學距離宮城中心越遙遠。由於歷代統治者多以儒家禮制為準則，包括建築等各方面的形制都要追根尋據，且往往都是以先秦儒家經典內容為依據，因此歷代多遵循大學在郊、位於國之陽的規定，將國家的最高學府安置在宮城之外的南部。這樣隨著後代都城面積的逐步擴大，學校距離皇帝越來越遠，學校官員的辦事機構與國家政務中心之間的距離也隨之而日漸遙遠，地理位置在某種程度

〔註121〕《唐兩京城坊考》卷二《西京・外郭城》，第40頁。
〔註122〕《文獻通考》卷四十六《學校考》，第429頁。

上成為學官與皇帝之間交流的障礙，皇帝不能及時得到學官的建議與幫助，逐漸在政事處理中忽略了學官，轉而倚重其他機構，因此學官的議政等政治作用日漸減弱。

第三節 唐代學官的社會地位探析

一、學官社會地位的變化

學官社會地位的變化可以通過人們對於學官的態度看出。唐朝統治前期學官地位崇重，是士林華選，很多儒生名士皆以成為學官做為自己的政治理想，張後胤在太宗做皇太子時曾為太子侍讀，太宗登基之後，為報教誨之恩，問他想做什麼官，「後胤頓首，願得國子祭酒，（太宗）授之」[6]。張後胤作為帝師可供選擇的職位有很多，但他卻只鍾情於國子祭酒這個職位，可見國子祭酒這個職位在太宗時期的社會地位十分崇高。但是，武則天時代（實際掌權及在位期間）過後，學官的形象和地位均受到了影響，因為在她掌權時期所有官爵都成為她用來培育黨羽的誘餌和工具，學官當然也不例外，「其國子祭酒，多授諸王及駙馬都尉。」〔註123〕這些皇親國戚多無知少識，缺乏才能，不過是靠著武則天的庇護而一步登天，他們所能做的事也不過是依仗著武則天的蔭庇專肆逢迎享樂。這些無才無德的皇親國戚擔任學官的後果，就是敗壞了學官的名聲，使學官崇高的社會地位遭到踐踏，學官的社會影響力在人們的心目中大打折扣。玄宗撥亂反正，重振李氏皇族，整頓朝綱，教育也重新回到正軌，但是受到武則天時期的影響，學官的社會地位與影響力雖然有所改善，但與太宗時期已經不可同日而語。唐玄宗在開元十三年（725年）東封泰山時，曾向隱居兗州徂徠山的王希夷訪以政事，為褒賞其高尚德行，授命其為中散大夫，守國子博士。因為王希夷當時已經九十六歲高齡，無法入朝，因此聽任其還山。〔註124〕從這件事情可以看到，國子博士等學官仍然被用來授予德行崇高的學者，說明這些職位仍為時人崇重。但另一方面，以年老不任職事者為國子博士，恰恰又證明國子博士職務此時已成為閒秩。〔註125〕自唐肅宗以後，尤其在為時人不齒的刑餘人——宦官魚朝恩被授命權判國

〔註123〕《舊唐書》卷一百八十九上《儒學上》，第4942頁。
〔註124〕事見《大唐新語》卷之十《隱逸第二十三》，第159頁。
〔註125〕此處國子博士既然非職事官，卻用「守國子博士」之說，似乎記載有誤。

子監事以後，學官的社會聲望與地位進一步貶低，日益被人視為「閒官」、「散地」。唐肅宗時工部侍郎于休烈頗有才華，宰相李揆以他「修國史與己齊列，嫉之，奏為國子祭酒，權留史館修撰以下之。」〔註126〕李揆奏于休烈為國子祭酒的目的是「以下之」說明此時國子祭酒的社會地位已經不高。吏部侍郎楊綰「雅望素高」，宰相元載外示尊重，心疏忌之。「會魚朝恩死，載以朝恩嘗判國子監事，塵污太學，宜得名儒，以清其秩，乃奏為國子祭酒，實欲以散地處之。」〔註127〕這段話說的非常明確，國子祭酒在這個時期已經被人們視為「散地」，以名儒擔任國子祭酒，秩雖已清，權亦已輕。唐德宗時期吏部侍郎裴佶有操守，「清勁明銳，所與友皆第一流。」為時人所重，結果卻因為身體有疾「除國子祭酒，尋遷工部尚書致仕。」〔註128〕因身體狀況不好而改任國子祭酒的事例進一步證實國子祭酒政務清閒，實際上已經淪落為官員養疾的、無足輕重的閒職。國子監的最高長官國子祭酒都已經成為閒散官，其他學官的社會地位自可想見。

　　唐代初年世人尊崇學官，越到唐代後期有才能者越是恥為學官，這在韓愈、柳宗元等中唐以後許多著名文人的著作中都有所反映。韓愈的《師說》：「巫醫樂師百工之人，不恥相師。士大夫之族，曰師、曰弟子云者，則群聚而笑之。」柳宗元在《四門助教廳壁記》中講：「貞元中，王化既成，經籍少間，有司命太學之官，頗以為易。專名譽、好文章者，咸恥為學官。」〔註129〕蕭穎士在《贈韋司業書》中也針對唐代學官社會地位的變化發出感慨，「司業古成均之貳，學政是循，國風伊始，先哲王之所以導人敏德、謀猷長世者，曷嘗不就學校而本風化耶？梁代劉嗣芳，自尚書左丞除國子博士，於時物議，以為妙選。近高宗朝，樂安孫公，以宰臣之重，再轉此官。朝廷素望，初不點缺，斯尚學尊儒之道也。今來擢用，此途稍革，必當由憲臺而遷會府，典綸誥而掌銓衡。一履學官，便為屏棄，雖不足以斷賢才通塞之路，而常情積習，可不謂然乎？」〔註130〕唐憲宗元和二年（807年）八月，國子監奏：「準敕：今月二十四日，諸州府鄉貢明經進士見訖，宜令就國子學官講論，質定疑義，仍令百僚觀禮者。伏恐學官職位稍卑，未足飾揚盛事，伏請選擇常參

〔註126〕《舊唐書》卷一百四十九《于休烈傳》，第4007～4009頁。
〔註127〕《舊唐書》卷一百十九《楊綰傳》，第3434～3435頁。
〔註128〕《舊唐書》卷九十八《裴耀卿附孫佶傳》，第3084頁。
〔註129〕《全唐文》卷五百八十《柳宗元·四門助教廳壁記》，第5856頁。
〔註130〕《全唐文》卷三百二十三《贈韋司業書》，第3273頁。

官，有儒學者三兩人，與學官同為講說。庶得聖朝大典，輝映古今。於是命兵部郎中蔣武、考功員外郎劉伯芻、著作郎李蕃、太常博士朱穎、郯王府諮議章廷圭，同赴國子監論講。」〔註131〕國子監請選常參官與學官共同講論的理由是學官職位稍卑，不足以飾揚盛事，而據廖健琦先生考證，可知此時選用參加國子監講論的常參官的品級分別為：「兵部郎中為從五品上，考功員外郎為從六品上，著作郎為從五品上，太常博士為從七品上，王府諮議為從五品上。」〔註132〕最高品秩也不過從五品上。而學官中國子司業從三品上，司業從四品上，國子博士為正五品上，太學博士為正六品上，四門博士為正七品上，廣文館博士為正六品上，並不比皇帝所選擇的常參官品秩低。廖先生對此的解釋為，「學官並非真正的職位稍卑，而是由於唐後期在科舉制度的發展過程中，明經、進士二科地位的升降等因素，導致學官在人們心目中的職位稍卑——確切地說，應該是社會地位變得卑賤了，而實際職位並未改變，統治者出於某些目的不便明說，故只能以此作為幌子，以掩飾學官地位卑賤的事實。」〔註133〕事實確實如此，不但普通的學官，即使身居三品高官的國子監最高長官國子祭酒也受到冷落，後唐天成三年（928年）正月，中書門下奏：「伏以祭酒之資，歷朝所貴，爰從近代，不重此官。況屬聖朝方勤庶政，須宏雅道，以振時風，望令宰臣一員兼判國子祭酒。」〔註134〕關於唐代學官社會地位變化的具體情況，還可參見拙文《淺析唐代國子祭酒的選任變化》〔註135〕，此處不予贅述。

二、學官社會地位轉變的原因

（一）學官社會地位降低的直接作用因素

1、明經科社會地位的降低

由唐代學官的選任標準可以知道，經學造詣與道德品質是學官選用的兩個重要標準，學官社會地位的轉變與明經科地位的變化是相始終的。唐代有

〔註131〕《唐會要》卷六十六《國子監》，第1159頁。
〔註132〕廖健琦《論唐代科舉制的改革及其對當時教育的影響》，《河南師範大學學報》2004年第1期。
〔註133〕廖健琦《論唐代科舉制的改革及其對當時教育的影響》，《河南師範大學學報》2004年第1期，110頁。
〔註134〕《五代會要》卷十六《國子監》，第212頁。
〔註135〕參見《貴州文史叢刊》2005年第3期。

關輕視明經的言行，皆發生在唐肅宗、代宗之後，而學官社會地位的降低也當此之際。此前則不然，唐初重經學，唐高祖、太宗時期任用了大量的儒學宗師，因此明經出身者的地位要高於進士出身者，明經出身者，上上第，從八品下；上中第，正九品上；上下第，正九品下；中上第，從九品下。進士出身者，甲第，從九品上；乙第，從九品下。進士出身最高品級尚低於明經上下第出身者一級，明經地位高於進士明矣。孟浩然《送張參明經舉兼向涇州覲省》詩曰：「泛舟江上別，誰不仰神仙？」，孟浩然卒於唐玄宗開元二十八年（740 年），作此詩的時間當在此前，明經這個時候還被慕為神仙，可見地位並不遜於進士。但重進士的風氣早在此前就已經開始，唐高宗、武則天時期重文辭風氣興起，進士出身者能致身通顯，於是重進士輕明經的風氣悄然興起，二者的地位也在這種風氣的催化下發生了顛倒乾坤的扭轉。而進士出身勝過明經的時間發生在唐肅宗、代宗之後。造成這種狀況的原因有很多，有考試內容和方法的區別，人才的長短，仕途窮通，以及世風好尚等。重進士輕明經的風氣興起之後，高才之士多不屑於應明經考試。《新唐書·李玨傳》載，李玨舉明經，李絳對他說：「日角珠庭，非庸人相。明經碌碌，非子所宜。」《東觀奏記》記載更為直截「明經碌碌，非子發跡之路。」可見，明經及第，不利於仕途顯達。學官以熟悉儒家經典為選任標準，明經科社會地位的降低，必然導致以明經為選任標準的學官社會地位隨之降低。

2、官學命運的轉變

學官社會地位的變化也與官學的命運息息相關。唐代官學發展經歷了前後兩個階段。唐前期，科舉考生主要來源於學校生徒。貞觀年間，中央官學發達，國子監內各類學生達八千餘人，「國學之盛，近古未有。」〔註 136〕這就奠定了科舉選士的基礎。大致上，國子學、太學、四門學主要培養通用文官人才，參加秀才、明經、進士科考試；律、書、算學培養專業技術人才，參加明法、明書、明算科考試。在這種社會背景下，國子監學生在科舉考試中佔優勢，社會風尚也以國學教育相推崇，「開元已前，進士不由兩監者，深以為恥。」〔註 137〕以至於到「玄宗時，兩京國學有明經進士，州縣之學絕無舉人。」〔註 138〕從《新唐書》中明經、進士及第的情況看來，開元前無論是進

〔註 136〕《通典》卷五十三《禮典》，第 1468 頁。
〔註 137〕《唐摭言》卷一《兩監》，第 12 頁。
〔註 138〕《封氏聞見記校注》卷一《儒教》，第 3 頁。

士還是明經及第，都以官學生徒居多，而鄉貢及第者較少。《唐摭言》載：「有唐貞元已前，兩監之外，亦頗重郡府學生，然其時亦由鄉里所升，直補監生而已。爾後膏粱之族，率以學校為鄙事。若鄉貢，蓋假名就貢而已。景雲之前，鄉貢歲二三千人，蓋用古之鄉貢也。咸亨五年，七世伯祖鸞臺鳳閣龍石白水公，時任考功員外郎，下覆試十一人，內張守貞一人鄉貢。開耀二年，劉思元下五十一人，內雍思泰一人。永淳二年，劉廷奇下五十五人，內元求仁一人。光宅元年閏七月二十四日，劉廷奇重試下十六人，內康庭芝一人。長安四年，崔湜下四十一人，李溫玉稱蘇州鄉貢。」〔註139〕可見在武則天以前鄉貢及第者極少，其身份均需特意標明，以示與倍受社會重視和青睞的官學生徒有別。

武則天以後，官學受到很大破壞，大批書生士子隱入山野鄉間，私學開始發揮越來越大的作用，反映在科舉考試上，便是出身於鄉貢應試者極大增多。據《唐摭言》記載：「景龍元年，李欽讓稱定州鄉貢附學。爾來鄉貢漸廣，率多寄應者，故不甄別，置於榜中。信本同而末異也明矣。」由於鄉貢日多，在科舉榜中對生徒鄉貢已經不再特別注明身份。在唐前期的文獻、墓誌中經常出現「以國子進士高等」〔註140〕的記錄，在唐後期則很少出現了，這從一個側面反映出官學升學率的降低和教學質量的下降。隨著鄉貢及第者的大量增加，科舉由重生徒變為重鄉貢，鄉貢及第者的身份地位大大提高。中唐以後的墓誌銘中，出現大量記載墓主人鄉貢及第的碑文，並且出現大量的鄉貢明經進士被邀請做墓誌銘，及篆額的記載。《金石萃編》卷一百四《大唐同州登城縣令鄭公德政碑銘並序》，題貞元十四年（798 年）正月「鄉貢進士姜元素篆額」；在敦煌遺書中，s.76 有「鄉貢進士劉書狀」的字樣，S.4473 有「鄉貢進士譚相啟」的字樣；《千唐誌齋藏誌》卷 1107《劉宣墓誌》記墓主劉宣卒於大中四年（850 年），其科第身份是鄉貢進士；《千唐誌齋藏誌》卷 1137《隴西李君墓誌銘》記墓主李耽卒於大中十一年（857 年），其科第身份是鄉貢進士；《千唐誌齋藏誌》1147《敦煌張府君墓誌並序》記墓主大中十三年（859 年）卒，其科第身份也是鄉貢進士等等，這類記載在中晚唐的金石墓誌中比比皆是，不勝枚舉，即使邊遠的敦煌地區也有大量記載。由此可見，中唐以後，鄉貢及第者的身份地位大大提高，甚至連社會風氣也發生了逆轉，就連

〔註139〕《唐摭言》卷一《鄉貢》，第 17 頁。
〔註140〕《張燕公集》卷二十三《唐故左庶子贈幽州都督元府君墓誌銘》，第 207 頁。

唐宣宗也多次自稱為「鄉貢進士李道龍」〔註141〕，而官學教育在這種風氣下更趨衰微〔註142〕。

　　唐初學官所以有較高的社會地位，原因如下：第一、成為學官不易。文士們熟讀經書，學有所成，已屬不易。而學官選用的一個重要標準，是要求文士當為儒林之首，可謂難上加難。除此之外，對道德品質要求很高。這些條件使得有資格參選學官之人寥寥可數。因此，當選學官成為當時文士的極大榮耀，被稱為士林華選。第二、前途優越。唐代前期統治者身邊出謀劃策的智囊團、如侍讀、侍講等很多人都出身學官；唐初創時期各項法律、禮樂制度的制訂者也有很多都是學官，他們為唐代政治與社會的發展起到了奠基作用。相反，隨著選用標準的降低，尤其在學官成為閒職後，政治前途變得黯淡，有能力者多不屑為之，進一步導致學官地位的降低。

（二）學官社會地位變化的其他影響因素

　　通過以上論述，可以看出學官在唐代的社會地位確實發生了很大變化。那麼引起學官地位降低的因素到底是什麼呢？要思考這個問題首先必須明確一個前提，那就是，在中國封建社會，某一官職社會地位的高低除了政府對官職本身品級的規定之外，主要取決於此官在國家權力中樞中所扮演的角色，通俗一點講就是以其在社會政治中的作用大小來評定。唐代學官的政治作用有一個從重到輕的轉變過程，其社會地位必然也依此發生相應的變動。關於學官的社會政治作用在前面已經有詳細闡述，此處不再贅述。除了這個原因之外，引起學官社會地位降低的最主要原因就是儒學的發展狀況與官學教育的衰弱。導致官學教育衰弱的原因諸多，但教育自身存在的問題是導致官學教育衰落的最直接原因，關於儒學的發展狀況及其官學教育與科舉制度的脫節，在唐代官學衰落的原因探析一節中有詳細闡述，此不贅述。除此之外，對學官社會地位有影響的因素還有以下幾點。

　　中國古代設立官學的目的在於教授君臣之禮、忠孝之道，換言之是為了培養有儒家思想與品德的治世之才，是國家後備官員的培養基地。學官則是這項職能的具體執行者，如果統治思想不變，一般情況下學官的社會地位是

〔註141〕《唐語林校正》卷四第541條，第370頁；又見《東觀奏記》附錄三《唐宣宗遺聞軼事彙編》轉引，第174頁，「鄉貢進士李某」。

〔註142〕參見王炳照、徐勇主編《中國科舉制度研究》，河北人民出版社2002年6月第1版，第213頁。

比較牢固的。除非政治局勢發生變動，或者知識分子自身價值取向發生變化。

1、政治局勢的影響

歷代統治者重視學校教育的原因在於「學校可以強化人們對政治體系的好感，能培養人們的政治忠誠和共同的政治信條，所以它常常被統治集團用來向學生灌輸它所需要的政治價值和政治態度」。〔註 143〕同任何一個朝代一樣，有唐一代政局並非一成不變、平穩過渡的。「一朝天子一朝臣」的說法是政局變動的一種反映。因為學校是系統化、強有力的政治傳播途徑，各個利益集團都力圖通過掌握對它的控制權，以便取得對政治輿論的主導權，反映在官制上就是控制學官的任免權。

從唐高祖武德年間至玄宗天寶年間，是唐朝逐步走向強盛的時期。總體說來，天子均能左右政局、控制朝臣，使朝政沿著自己的政治意圖進展。李唐統治者把儒學視為鞏固統治基礎的重要工具，因此他們在教育方面大興儒學，聘請品高學博之士擔任學官。武則天臨朝、韋皇后把持朝政時期統治者卻相繼任命過一些趨炎附勢的親信腐儒、甚至不詳儒術的道士。「博士、助教，唯有學官之名，多非儒雅之實……生徒不復以經學為意，唯苟希僥倖。」〔註144〕「遂使講座作俳優之場，學堂成調弄之室。嗇夫利口，可以驤首先鳴」。〔註145〕武則天與韋皇后的這種行為目的是為了樹立個人的權威，鞏固自己的政治地位。這兩個時期統治者均能控制政局，根據需要確定適當的學官人選，武韋對於學官的隨意任用，大大降低了學官的社會地位。

安史之亂後，黨爭和宦官專權嚴重影響了唐代中後期的政局。黨爭使處於各黨之間無權無勢的文士成為黨爭的犧牲品。朋黨之外的人若無固定明顯之表示，很可能落得兩黨俱不收，像李商隱一樣，即使才能傍身，也免不了「名宦不進，坎坷終身」的命運。〔註146〕在這樣的政治局勢下，學官也無法避免被捲入黨派鬥爭漩渦的命運。唐穆宗時國子祭酒韓愈因宰相李逢吉與李紳兩黨之爭被貶官，唐文宗時李黨領袖鄭覃因為與李德裕交情好而被牛黨的牛僧孺、李宗閔等「奏罷侍講學士」，順宗時祭酒楊虞卿甚至與李宗閔互為黨魁等等，不一而足。自唐玄宗朝宦官高力士之後，唐代宦官的勢力便開始不

〔註143〕王浦劬主編《政治學基礎》，北京大學出版社 1995 年 2 月第 1 版，第 361 頁。
〔註144〕《舊唐書》卷一百八十九上《儒學上》，第 4942 頁。
〔註145〕《登科記考》卷五「景雲三年」，中華書局 1984 年版，第 155 頁。
〔註146〕陳寅恪：《唐代政治史述論稿》，上海古籍出版社 1982 年 2 月新 1 版，第 100 頁。

斷膨脹，官學教育也受到影響。唐代宗統治時期宦官魚朝恩「性本凡劣，引腐儒及輕薄文士於門下，講授經籍，作為文章，粗能把筆釋義，乃大言於朝士之中，自謂有文武才幹，以邀恩寵」，〔註147〕作為宦官的魚朝恩竟被加判國子監事。他去國子監處理事務時，皇帝還特詔宰臣百僚、六軍將軍恭送，並以大臣充附學生，這對文人朝士無疑是個極大的侮辱。唐後期甚至皇帝的廢立都掌控在閹宦手中，大臣的任用更非皇帝所自專，在這種情況下，所有官員的任用都直接或間接地掌握在宦官手中。但是，由於學官地位降低，成為政治作用不大的閒職，因此，與其他重要官職相比，受到閹宦干擾的機會相對要小。黨爭和宦官專權這些政治變動都極大地削弱了皇帝的權力，也使學官的任命受到一定影響。

由於代表文人的古代知識階層是以依附專制制度的面目出現的〔註148〕，文人的依附地位決定了在政局混亂的情況下，學官只能是無奈地處於受人擺佈的地位。無論是在「一朝天子一朝臣」的情況下，還是在天子乏力掌控政局的黨爭、宦官專權的條件下，作為專制制度的依附者，他們的命運只能隨政局的動盪而變動。祝欽明的官場經歷就是一個典型，景雲元年五月「己卯，上（中宗）宴近臣，國子祭酒祝欽明自請作八風舞，搖頭轉目，備諸醜態；上笑。欽明素以儒學著名，吏部侍郎盧藏用私謂諸學士曰：『祝公五經掃地盡矣！』」〔註149〕從儒師到玩偶的轉變，從客觀角度反映了政局對學官的影響。

政治局勢的變動是影響學官地位變化的根本原因，除此以外，以下幾個因素也對學官的社會地位有著重要影響。

2、知識分子自身心態的轉變

古代教育制度下的知識分子與政治有著緊密的聯繫，而唐代知識分子參與政治的熱情之高，參與度之高、之深，以及對唐代政治格局所造成的影響之深遠，都遠非其他封建朝代可比。從宏觀上看，唐代文人的政治態度和唐朝的歷史一樣也可以分為前後兩個階段，前期多為高遠的兼濟天下的政治抱負，後期則呈現出對於權勢趨之若鶩的景象。知識分子對於權勢的狂熱，進一步使得易成權貴的進士科炙手可熱，而講道的明經科少人問津，使得與經學關係密切的學官無人關注，學官更不是登上權力顛峰的階梯，因此，學官

〔註147〕《舊唐書》卷一百八十四《宦官列傳》，第4763頁。
〔註148〕程遂營：《唐代文人政治理想的轉變》，《人文雜誌》1988年第6期。
〔註149〕《通鑒》卷二百九「睿宗景雲元年五月」條，第6641頁。

社會地位的降低無法避免。

　　唐初至開元年間，開明政治為知識分子開拓了施展政治理想的空間，在他們之中激發了一種以天下為己任的政治責任感。知識分子們大多情緒高昂、樂觀自信，如「初唐四傑」王勃、楊炯、盧照鄰、駱賓王，以及崔融、沈佺期等。到唐末「王綱絕紐，學士大夫逃難解散畏死之不暇，非有扶顛持危之計能支大廈於將傾者，出力以佐時，則當委身山棲，往而不反，為門戶性命慮」。〔註150〕知識分子行為的巨大反差，折射出他們自身在政治態度上發生了極大變化。造成這種變化的原因，很大程度上取決於文人自身政治理想的破滅。天寶以後，隨著玄宗縱情聲色，朝政日益為李林甫、楊國忠等人所把持，文人們實現理想的道路被阻絕了。李林甫口蜜腹劍、陰險毒辣，楊國忠媚上欺下，對百官頤指氣使，凡有「才行時名，不為己用者，皆出之」〔註151〕。唐玄宗「以權假宰相，賞罰無章」〔註152〕，對李林甫、楊國忠二人言聽計從，受到這兩個人打擊排擠的人很多，如陳希烈、張均、張垍、達奚珣等。知識分子們在政治願望長期受挫的情況下心理失衡，逐漸對中央政權失去信心，最終由對奸相的仇視日益轉為對假權於相的唐玄宗產生了怨恨，從而安史之亂一爆發便投降了叛軍。

　　安史之亂後由於財政匱乏，黨爭也逐漸激烈。官場中人處於身不由己的政治漩渦之中，鑒於現實與理想的強烈反差，他們往往不知所從，或變成泯滅個性唯命是從的奴才，〔註153〕或陷入追求個人權勢的狂烈欲望之中。濃重的功利觀在國學生徒身上也有所反映，表現為許多生徒不重德行、把學業當成晉身的階梯，務求速進，爭趨功名利祿。國子祭酒韓愈《短燈檠歌》云：「太學儒生東魯客，二十辭家來射策。夜讀細字綴語言，兩目眵昏頭雪白。此時提攜當案前，看書到曉哪能眠。一朝富貴還自恣，長檠高張照珠翠。吁嗟世事無不然，牆角君看短檠棄。」〔註154〕唐德宗時期朱泚之亂，太學諸生竟舉將從之，是知識分子心態轉變的一個縮影。

　　知識分子心態的變化還表現在安史之亂後許多文人由積極入世轉為消極

〔註150〕《容齋隨筆五集·容齋續筆》卷十四《盧知猷》，商務印書館1959年3月重印第1版，第133～134頁。
〔註151〕《通鑑》卷二百十七「玄宗天寶十一載十一月」條，第6915頁。
〔註152〕《通鑑》「玄宗天寶十三載九月」條，第6928頁。
〔註153〕葛承雍：《唐代知識分子的觀念變革》，《人文雜談》1988年第6期。
〔註154〕《韓昌黎全集》卷五《古詩五》，中國書店1985年版，第99頁。

出世，最顯著者如王維、白居易等開始轉奉佛道。王維在《歎白髮》詩中道「人生幾許傷心事，不向空門何處銷？」白居易「常以忘懷處順為事，都不以遷謫介意。」〔註155〕他在《郡齋暇日憶廬山草堂兼寄二林僧禮三十韻多敘貶官以來出處之意》詩中說：「不堪匡聖主，只合事空王。」面對政局混亂，一部分文人哀歎無由力挽狂瀾，又自視清高不願同流合污，為了發洩憤懣而無奈的感情只好遁入空門，以尋找新的精神依託。王維、白居易、元稹、岑參都是在唐中後期政局混亂，在經歷政治失意或仕途坎坷後才皈依佛門的。誠然幾個人由積極轉為消極，不可動輒歸結為政治險惡的結果，但一個群體中的大部分消極，必然構成政治由好變壞的界標和晴雨計。除了奉佛道者之外，尚有許多隱遁、逃離政治中心的官員。史載唐末司空圖是有名的忠臣義士，昭宗曾多次徵召他入朝為官，他皆以疾辭。後來因朱溫篡唐、哀帝遇戕，他「不食而卒」。〔註156〕這樣一個忠心之士卻一再謝絕入官，可見李唐王朝的政治向心力全無。

無論是追逐權勢還是消極避世，都已丟棄了儒家所謂的「道」義，儒學的權威性遭到質疑，「皮之不存，毛將焉附」，學官所奉行的儒學地位已然不穩，學官的社會地位又如何能繼續維持？

知識分子自身心態的轉變很大程度上是被科舉的獨木橋所逼。科舉是唐人入仕的一條重要途徑，通過科舉考試就具備了作官的資格，但是隨著科舉發展，入流者越來越多，顯慶二年（675年）劉祥道遷黃門侍郎，仍知吏部選事，上疏說：「今官員有數，入流無限，以有數供無限，遂令九流繁總，人隨歲積」〔註157〕，即使進士及第也不能人人都能得官，因為科舉中舉之後還必須經過吏部的銓選，以身、言、書、判為標準確定是否能夠授予官職，以及授予何種官職。科舉考試考的是學問，吏部考的是為官的能力。科舉制度剛確立時，它以比察舉制、徵辟制、九品中正制更為優越的姿態出現，一旦確立、成熟之後，其弊端也日益顯現。李樹桐在《唐代科舉制度與士風》一文中講：「無論明經、進士或其他科，及第的為官為宦，前途似錦，落第者望塵莫及，所以應試的人唯一目的是及第及做官，其他全置之第二、第三甚至不顧。」因而一般士人唯以作官求富貴為學習的終極目的，學術與道德自然也

〔註155〕《舊唐書》卷一百六十六《白居易傳》，第 4345 頁。
〔註156〕《舊唐書》卷一百九十《司空圖傳》，第 5083 頁。
〔註157〕《舊唐書》卷八十一《劉祥道傳》，第 2751 頁。

就敗落了。應試之人不注意德行成為一種普遍現象，是在科舉制度基本完善定型之後，時間是在唐玄宗以後。

隨著進士及第競爭的日漸激烈，士人僅僅讀書還不夠，還需要有名公大臣引薦，因之形成了投詩謁見的風氣。而名公大臣也以推薦或錄取有名望的士子為美談。因此干謁、屬託之風就隨之更加興盛，士風也日漸敗壞〔註158〕，《通考》引江陵項氏描述說：「天下之士，什什伍伍，戴破帽，騎蹇驢，未到門百步，輒下馬奉幣刺，再拜以謁於典客者，投其所為之文，名之曰『求知己』。如是而不問，則再如前所為者，名之曰『溫卷』。如是而又不問，則有執贄於馬前自贊曰：『某人上謁者。』嗟乎，風俗之弊，至此極矣！此不獨為士者可鄙，其時之治亂蓋可知矣。」〔註159〕這種卑躬屈膝的形象是士子的恥辱，卻是唐代士風的真實寫照。楊綰奏貢舉之弊曰：「投刺干謁，驅馳於要津；露才揚己，喧騰於當代。」〔註160〕批評中肯而形象。韓愈是知名於時的及第進士，幾次吏部考試均未通過，後來還是經由充當宣武軍節度使董晉的幕僚，由董晉推薦才正式為官的。唐人科舉及第已屬不易，進士及第尤難，有「三十老明經，五十少進士」之說，進士謀取官位尚且如此之難，他人可想而知。得官愈難，人們對其看得愈重。所以一旦得官，便戰戰兢兢生怕失去，對當權者極盡奉承之能事，以穩固來之不易的官位。很多文人因此逐漸喪失了自身的個性與意志，丟棄了文人的政治理想，「伺候於公卿之門，奔走於形勢之途。」形成晚唐競名利、寡廉恥的士風。

科舉制度的發展，一方面造成重文輕德的風氣，一方面導致及第者為求官而請託公行。學官既從科舉中來，難免會受到這些不良風氣的影響，他們在履行教學職能時又難免為科舉培養類似的人才，環環相扣，惡性循環。由於士風大壞，學官錄用資格也比以前降低了，社會地位必然呈現水降船落之勢。

對於學生而言，學官社會地位的變化，對士族公卿子弟的影響要大於寒族子弟。首先，隨著國學的招生標準擴大，非特權階層的子弟獲得了更多的入學機會，國子監中不但普通庶民子弟增加，不少工商子弟也加入進來，這使得公卿子弟都不願進入國學。另一方面，由於國學跟不上科舉改革的步伐，

〔註158〕參見《隋唐五代教育制度史資料》之科舉的流弊，第169頁。
〔註159〕《文獻通考》卷二十九《選舉考二》，第274頁。
〔註160〕《舊唐書》卷一百十九《楊綰傳》，第3431頁。

導致其升學率較低。而私學以其靈活於國學的教學形式，在科舉升學率中佔據絕對優勢。整個社會重視鄉貢，公卿子弟有能力延請更好的老師、有機會獲得更多的入仕途徑。即使不經由科舉，公卿子弟仍然可以利用門蔭等途徑入仕，因此他們瞧不起學官、不屑入國學。唐代後期有不少皇帝為了重振國學，頒布詔令時有意識地強制公卿子弟入國學，卻並不增加庶民子弟入國學的員額。例如唐文宗「太和七年八月敕節文：『應公卿士族子弟，取來年正月以後，不先入國學習業者，不在應明經進士之限。』」唐武宗於「會昌五年正月制：『公卿百官子弟及京畿內士人寄客，脩明經進士業者，並宜隸於太學。外州縣寄學及士人，並宜隸各所在官學。』」〔註161〕庶民子弟依然期望入國學，因為官學既不用自己延請老師，還可以得到免除賦役的獎勵。

〔註161〕《唐會要》卷三十五《學校》，第 635 頁。

第三章 學官的選任與遷轉變化

第一節 學官的選任與考課

本節具體討論三個問題：一是學官的選任方式；二是學官選任標準的變化及原因；三是學官的考課。

一、學官的選任方式

在學校運作過程中，教職人員的不斷吐故納新是一個重要問題。我國古代官員的選舉方式繁多，主要不外乎：察舉徵辟、科舉、世蔭、捐納、流外入流等幾種。隋唐時期選官途徑雖然以科舉為標誌，而以上幾種入仕方式卻貫穿於封建社會的始終。就學官的選任來說，不外乎常選與非常選兩種。非常選主要以薦舉、徵召為主。常選即常規的官員選舉方式，以吏部授官為主。

（一）薦舉

1、薦舉與徵召結合

薦舉源於察舉徵辟制，實行於秦漢至隋以前。所謂察舉，是指三公九卿、地方的郡守等高級官員，根據他們的考察，把所發現的平民及低級官吏推薦給朝廷；徵辟是指皇帝或官府長官，遇到合適的人選可以直接聘請做官，成為自己的助手。其中由皇帝徵召又稱「徵」，官府請人到衙署任職稱「辟」。察舉徵辟制在隋唐時期並未廢除，仍佔有一定地位。唐代的特點是薦舉與徵召並行，有關部門及官員薦舉，皇帝認為合適就會發布詔令進行徵召，以彰顯皇帝的愛才之舉。

李唐王朝建立之初，徵召任用官員的方式極為常見，「天下初定，州府及詔使多有赤牒授官」〔註1〕太宗貞觀時期尤其盛行，本節僅就學官的情況進行分析。唐初洛陽平定後，隋代儒士鄧世隆懼罪，「變姓名，自號隱玄先生，竄於白鹿山。貞觀初，徵授國子主簿」〔註2〕。司馬才章精通《五經》，曾在隋末擔任郡博士，貞觀六年（632年），「左僕射房玄齡薦之，屢蒙召問，擢授國子助教」〔註3〕。貞觀八年（634年）正月太宗下詔：「宜遣大使，分行四方，申諭朕心，延問疾苦，觀風俗之得失，察政刑之苛弊。……若有鴻才異等，留滯末班；哲人奇士，隱淪屠釣，宜精加搜訪，進以殊禮。務盡使乎之旨，俾若朕親覿焉。」〔註4〕遣使四方搜尋有才之士，並以「公車」徵之。馬嘉運貞觀初隱居白鹿山，「（貞觀）十一年，召拜太學博士，兼弘文館學士」〔註5〕。此後貞觀十五年、十八年、二十一年又連續下達《採訪孝悌儒術等詔》、《求訪賢良限於來年二月集泰山詔》、《薦舉賢能詔》、《搜訪才能詔》等等，一系列要求舉薦才能的詔令。唐睿宗復位之後和唐玄宗開元年間是徵召制度盛行的又一個重要時期。《舊唐書》卷一八九下《尹知章傳》記載：「睿宗初即位，中書令張說薦知章有古人之風，足以坐鎮雅俗，拜禮部員外郎，俄轉國子博士。」玄宗開元時期，在詔令中頻頻出現要求薦舉賢能的詔令。被召之人多以「文辭」優美、「儒術」該通、「明識治禮」等條件被徵召，但前提基本都是品行昭彰、德高望重。被徵召者多數都在教育、學術以及禮儀部門任職，由於與唐代學官要求的標準相近，國子監便成為安排這些高士的重要部門。

徵召的對象有隱逸、高蹈不仕之人、有不求聞達的賢能博學之士、也有才能高的官員；徵召授與的學官職位，上至正五品上的國子博士，下到從七品下的國子主簿，浮動範圍大，且數量多，說明政權草創時期，國家政權急需組建官僚隊伍，因而在選官上多辟途徑，不拘一格，注重徵召薦舉人才。在國家統治走上正軌以後，薦舉徵召官員不像先時那樣頻繁、無章法，一般情況下，中書門下負責薦舉，皇帝徵召，被授予的官職多集中在五品以上的高官，「自隋已降，職事五品已上官，中書門下訪擇奏聞，然後下制授之。」

〔註1〕《舊唐書》卷八十一《劉祥道傳》，第2750頁。
〔註2〕《舊唐書》卷七十三《鄧世隆傳》，第2599頁。
〔註3〕《舊唐書》卷七十三《司馬才章傳》，第2603頁。
〔註4〕《唐大詔令集》卷一百三《遣使巡行天下詔》，第524頁。
〔註5〕《舊唐書》卷七十三《馬嘉運傳》，第2603頁。

〔註6〕《文獻通考》進一步解釋「國朝之制，庶官五品以上，制敕命之；⋯⋯制敕所命者，蓋宰相商議奏可而除拜之也。」〔註7〕用皇帝制書除授，相當於皇帝任命，職位主要集中在清官、清望官的範疇。唐玄宗開元十一年（723年）正月頒布《北都巡狩制》，「百姓優賢良，官人有清白，並令中書門下採訪名聞。」〔註8〕中書門下負責採訪清白賢良官員，上奏皇帝。代宗永泰二年（766年）正月又規定「其宰相朝官、六軍諸將子弟，欲得習學，可並補國子學生。其中身雖有官，欲附學讀書者亦聽。其學官委中書門下選行業堪為師範者充」〔註9〕，明確規定中書門下甄選學官的權力。唐憲宗時又頒布《上尊號赦文》「太學崇儒，教化根本，兩都國子監館宇，如有隳壞處，宜令本司計料聞奏，當與修葺。官屬師氏，委中書門下及所司精慎選擇。」〔註10〕由於學官大部分都包括在清望官、清官的範圍之內，因此有關詔令中，很多都賦予中書門下薦舉學官的權力。由於宰相總攬政事，因此對一切薦舉人才的事務都負有責任。故而出現失才之責皇帝會歸咎於宰相。如，武則天統治時期，徐敬業起兵，「初唐四傑」之一的駱賓王為其作檄文，「敬業傳檄至京師，則天讀之微哂，至『一抔之土未乾』，遽問侍臣曰：『此語誰為之？』或對曰：『駱賓王之辭也。』則天曰：『宰相之過，安失此人？』」〔註11〕」

　　中國古代兩千多年的封建政體，最顯著的特徵就是君主專制。在專制皇權的統治下，皇帝權力至高無上，皇帝集各種權力於一身，實行獨裁統治。「家天下」的皇帝有權任命作為臣子的官員。隨著國家管理制度化的發展，官員選用有著特定的程序，皇帝隨意任用官吏也受到一定的約束。但是皇權的至上性經常會對固有制度造成威脅，在唐代，皇帝破壞學官任用制度的情況時有發生。如，唐中宗時任用道士史崇恩、術士葉靜能擔任國子祭酒；玄宗皇帝好神仙釋氏，任用僧人師夜光為四門博士；敬宗寶曆元年（825年）閏七月拾遺李漢、舒元褒、薛廷老於閣內論曰：「伏見近日除授，往往不由中書進擬，多是內中宣出。臣恐紀綱浸壞，姦邪恣行，伏希詳察。」上然之。〔註12〕由於皇帝隨意除授官員，破壞了原有的任免秩序，不利於政治統治，因此敬宗

〔註6〕　《唐會要》卷七十四《論選事》，第1333頁。
〔註7〕　《文獻通考》卷三十七《選舉考十・舉官》，第351頁。
〔註8〕　《唐大詔令集》卷七十九《北都巡狩制》，第453頁。
〔註9〕　《舊唐書》卷十一《代宗本紀》，第282頁。
〔註10〕　《全唐文》卷六十三《上尊號赦文》，第678頁。
〔註11〕　《舊唐書》卷六十七《李勣傳》，第2492頁。
〔註12〕　《舊唐書》卷十七《敬宗本紀》，第516頁。

皇帝聽從了勸告。

　　一般說來，薦舉、徵召在政權草創初期盛行，原因在於它是政府藉以延攬人才、彰顯教化的重要措施。《傳》曰「舉逸人，天下之人歸心焉。」被徵召的人，往往會因獲得皇帝的親睞感到無上的榮耀，懷著感恩的心對皇帝恪盡職守。他們多數都是在一定範圍內有著很大影響力的人，這些人對新政權的俯首歸心，對百姓能夠起到馬首是瞻的功效，有利於新王朝的穩定。

2、官員薦舉與自薦

　　此處官員薦舉是指除宰相之外的其他官員薦舉，主要包括部門長官國子祭酒、地方長官的薦舉和其他官員個人的舉薦行為。

　　部門和地方長官多負責所司範圍內的官員薦舉。隨著教育的發展，國子監長官獲得了一定的獨立選拔選學官的權力。玄宗以後學官的薦舉，除了中書門下的宰相繼續發揮作用外，國子監長官國子祭酒也獲得了薦舉學官的權力。玄宗時陽嶠入為國子祭酒，累封北平伯，曾「薦尹知章、范行恭、趙玄默等為學官，皆稱名儒」〔註13〕。開元十七年（729年），「國子祭酒楊瑒又表薦（白）履忠堪為學官，乃徵赴京師。」〔註14〕憲宗時祭酒韓愈薦舉張籍為國子博士。以上都是國子監長官薦舉學官的事例，例子雖然不少，但卻不曾見到制度上對於祭酒薦舉學官權力的認可。制度上明確國子祭酒薦舉學官的權力，最早見於明文是在唐穆宗時期。唐穆宗長慶元年（821年）詔令國子祭酒訪查學官，「天下諸色人中，有能精通一經、堪為師法者，委國子祭酒訪擇。〔註15〕」敬宗寶曆元年（825年）又重申了長慶元年的詔令。唐文宗太和七年（833年）又有詔令曰：「宜令國子監於諸道搜訪名儒，置五經博士各一人。」〔註16〕。

　　同時，地方長官也有一定的薦舉任用本地人才的權力，《唐大詔令集》卷七十四《親祭九宮壇大赦天下敕》「朕惟熙庶績，博訪逸人。豈惟振拔滯淹，以期於大用；亦欲褒崇高上，將敦於薄俗。虛佇之懷，兼在於此。其有高蹈不仕、遁跡丘園、遠近知聞、未經薦舉者，委所在長官以禮堪送。」〔註17〕授予地方長官在轄區範圍內搜訪、薦舉人才的權力。此外，縣學官多由

〔註13〕《舊唐書》卷一百八十五《良吏傳》，第4813頁。

〔註14〕《舊唐書》卷一百九十二《白履忠傳》，第5124頁。

〔註15〕《唐大詔令集》卷十《長慶元年冊尊號詔》，第61頁。

〔註16〕唐大詔令集》卷二十九《太和七年冊皇太子德音》，第106頁。

〔註17〕《唐大詔令集》卷七十四《親祭九宮壇大赦天下敕》，第417頁。

地方刺史、或縣令召補本州縣士人擔任，縣級學官無品級，不用經過皇帝批准，只要上報刺史同意即可。「國朝以來，州縣皆有博士，縣則州補，州則吏曹授焉。然博士無吏職，惟主教授，多以醇儒處之。」〔註18〕麟德二年（665年），弘農華陰人楊政被本州刺史史承業追召補桃林縣博士〔註19〕；大曆九年（774 年），太原王綱以大理司直兼縣令，「以邑人沈嗣宗躬履經學，俾為博士」〔註20〕。

　　舉人自代、其他官員薦舉和士人自舉。唐代五品以上京官、清望官、郎官、御使、諸州刺史在被任命之時，都有權推薦一兩人以自代，《唐大詔令集》卷四《去上元年號敕》：「其諸州別駕，可依舊卻置。每除京官五品已上正員，清望官及郎官御使諸州刺史，皆令推薦一兩人以自代，仍具錄行能聞奏，觀其所舉，以行殿最。」〔註21〕這為國子祭酒、國子司業、國子博士等品級較高的學官舉人自代提供了制度依據。此外，還有其他部門官員薦舉學官者，如開元時左右史張說、尹元凱，共同薦尹愔為國子大成。大曆中，轉運使劉晏累表薦孔述睿有「顏、閔之行，游、夏之學」，於是「代宗以太常寺協律郎徵之，轉國子博士」〔註22〕。唐代為了避免遺賢之憾，還規定士人在無人舉的情況下，可以自薦，《唐大詔令集》卷五《改元太和敕》：「天下諸色人中，有賢良方正、能直言極諫者，及經學優深、可為師法，詳閑吏理、達於教化，軍謀宏遠、堪任將帥者，常參官及官牧郡守，各舉所知，無人舉者，亦聽自舉，並限來年正月到上都。」〔註23〕

（二）吏部選

　　無論是科舉及第、六品以下的文職官還是九品以下的流外吏職，都由吏部授官。國子監六品以下的學官和地方州學的博士都是由吏部任命的，「六品已下常參之官，量資注定；其才識頗高，可擢為拾遺、補闕、監察御史者；亦以名送中書門下，聽敕授焉。其餘則各量資注擬。」〔註24〕國子監六品以

〔註18〕《封氏聞見記校注》卷一《儒教》，第 3 頁。
〔註19〕參見《唐代墓誌彙編續集》萬歲通天〇一一《大周故陝州桃林縣博士楊君墓誌銘並序》，第 354 頁。
〔註20〕《全唐文》卷五百十九《崑山縣學記》，第 5275 頁。
〔註21〕《唐大詔令集》卷四《去上元年號敕》，第 23 頁。
〔註22〕《舊唐書》卷一百九十二《孔述睿》，第 5130 頁。
〔註23〕《唐大詔令集》卷五《改元太和敕》，第 30 頁。
〔註24〕《唐六典》卷二《尚書吏部》，第 27 頁。

下的學官，如丞、主簿、錄事，太學、廣文、四門、律學、書學、算學各館博士，以及各館助教等都在吏部選任的範圍之內。「國朝以來，州縣皆有博士，縣則州補，州則吏曹授焉。然博士無吏職，惟主教授，多以醇儒處之。」〔註25〕州學博士由尚書省吏部的吏曹授官。由於這是常規的官員銓選的程序，也是學官產生、遷轉的主要途徑，大部分六品以下的學官都是經由這個常規途徑，而非薦舉。薦舉非常選，徵召多為非時之舉，國子祭酒薦舉訪擇也多發生在學官出現官缺的時候，如韓愈《舉薦張籍狀》中稱，「臣當司見闕國子博士一員，生徒藉其訓導，伏乞天恩，特授此宮，以彰聖朝崇儒尚德之道。謹錄奏聞，伏聽敕旨。」因此吏部常選是學官選用的主要方式，薦舉是常選的補充。此外，吏部選還包括東選，東選是為了緩解因參選人雲集對長安造成的經濟壓力、方便洛陽以東的參選人，在東都洛陽臨時進行的選官行為。東選與長安吏部的選舉只在選舉地點、和參選人地域上有所差別，並不存在根本的差異。吏部授官的例子隨處可見，此處不再舉例贅述。

終唐一代，薦舉的方式作為常規選的補充一直都在使用，不僅彰顯了盛世不遺賢才，還有「賁丘園，招隱逸，所以重貞退之節，息貪競之風。」〔註26〕的用意，鼓勵官員增強激流勇退的氣節，不要貪圖富貴權勢，而不肯放棄職位。王朝建立之初的隱逸之士多為高蹈篤行之士，這些人一般都是為了躲避世道的混亂、官場的是非，韜光隱晦，以明哲保身，或勵志於學。但隱逸之人並非全都是淡薄名利之士，尤其王朝統治穩定之後，統治者越是重用隱逸，假裝隱逸、沽名釣譽，以此為晉身之階者越多。吏部選舉多循資序，按照政府官員的品級、年勞對官員進行升黜，因此任何政府官員只要達到為學官的品級，如無特殊情況，即予以授官，不加揀擇僅以階品和年限授官造成學官品質下降。韓愈曾在《國子監論新注學官牒》中提出：「今年吏部所注，多循資序，不考藝能，致令生徒不能勸勵。」

二、學官選任標準的變化及原因

鑒於唐代初年的政阜人和，宋以後各朝一直都在致力於探索唐初社會強盛的原因，唐代的用人政策與選才標準成為歷代統治者所關注的對象。唐太宗成為後代帝王學習的楷模，其統治時期的用人政策也成為後代皇帝臣民關

〔註25〕《封氏聞見記校注》卷一《儒教》，第 3 頁。
〔註26〕《舊唐書》卷一百九十二《隱逸傳序》，第 5115 頁。

注的焦點。直到現代，眾多史家仍津津樂道於「路不拾遺、夜不閉戶」的唐代治世，探討唐代君臣的治國經驗、追索治世的成因，唐代的用人思想也一直是學術界不懈探索的重要課題，並收穫了豐碩的成果。韓國磐《略論唐太宗的選用庶族地主》（《文匯報》1962.3.16）指出太宗順應歷史發展的要求，選用庶族地主抑制士族貴族，造成了貞觀時期人才輩出的原因；常洪《試論唐太宗的用人方略》（《北師大學報》1980.4）林宏鳴《致安之本，唯在得人》（《學術與研究》1982.4）李隆焱《試論唐太宗的用人思想》（《華中師院學報》1984。4）黎仁凱《重用人才的貞觀盛世》（《河北學刊》1984.5）、趙國權《唐太宗李世民用人方略散論》（《河南大學學報》1986.6）、萬澤民《論唐太宗的「用人之道」與「貞觀之治」》（《浙江大學學報》1994.4）、許輝〔註27〕以及魏曉彤〔註28〕等等大量文章都從各個方面對於唐太宗的用人政策給予了高度的評價，認為用人之道是貞觀之治的重要內容。除了貞觀時期，唐高祖、唐玄宗開元天寶年間的用人政策也成為史學界關注的焦點，出現了相當數量的論文與著述，賀潤坤《論唐高祖的用人政策》（《陝西廣播電視大學學報》2001.1）、《漢唐盛世形成原因探析》（《社科縱橫》2005.3）等文章都對於唐前期的用人政策進行了探討；唐玄宗開元、天寶時期用人政策的得失成為學界研究的焦點，這些在《二十世紀唐研究》中有專章進行論述，此處不予重複。目前史學界對於唐代用人政策的研究主要集中在唐前期，尤其太宗、玄宗時期；對於用人的標準也基本都是定位在各個特定時期的「文、德」或「德、才」的輕重問題上，史學界在唐代用人政策方面研究所取得的豐碩成果都為本書的研究提供了前提。此外熊明安在《中國高等教育史》〔註29〕第三章兩漢時期的高等教育一節中著重分析了兩漢太學教師的選擇，學者施克燦在《中國古代教育家理想中的教師標準探究》文中，從道德標準、職業形象、知識能力、教育能力，以及社會服務等五個方面概述了理想教師的標準，為本書的研究提供了直接借鑒。本書力圖在前人研究成果的基礎上，著重探討唐代學官的特殊選用標準，及其在整個歷史時期的變化情況，以就教於方家。

〔註27〕許輝：《唐太宗人才思想述論》，《學海》1998 年第 3 期；《唐太宗文治思想述論》，《江蘇社會科學》1997 年第 5 期。

〔註28〕魏曉彤：《唐太宗的人才思想與現代人才管理》，《科學與管理》2004 年第 5 期。

〔註29〕熊明安《中國高等教育史》重慶出版社 1983 年 11 月第 1 版。

（一）學官選用的特殊標準

　　這裡有必要介紹一下什麼是選官的標準，「其係指國家在選拔不同種類的官吏時所要求的特殊標準及用這種標準來教育或培訓擬入仕者。這種標準一般來說可以歸納為『德、才、勞』（或稱『賢、能、勞』）三個方面。但到封建社會中後期主要還是按『德、才』標準選官，且尤注重『德』的標準。所謂『德、才』標準，實際上是當時統治階級的一種價值觀念。在中國封建社會裏，『德』主要是指封建倫理綱常，『才』主要是指經學、文章、吏幹及其他方面的技能。」〔註 30〕隨著封建社會的向前發展，這種「德、才」觀念一方面有著相當程度的穩定性，另一方面與時推移又總髮生著微妙的變化，並直接影響了選官的標準。〔註 31〕

　　學官選用為什麼會有特殊的標準？最主要原因，在於學官特殊的社會身份。在封建時代，學校是為國家培養後備官員的基地，學官不僅擔任教師的角色，本身還具有政府官員的屬性，而且在這雙重角色之中，政府官員的身份是第一位的，因為無論學校存在與否，教師的職能是否實際履行，學官作為政府官員都必然存在，都要在一定程度上參與相關政務的管理。對於學生來說，學官不僅僅代表著儒者的形象與修養，最為特別之處在於他們是政府官員的縮影，是一般學生最早、最多接觸的官員形象，他們的品行對學生起著潛移默化的作用，從這一層面來講，學官又是國家官員培養的活樣板。因此，學官不僅背負著知識傳承的責任，而且在某種程度上影響著國家後備官員的品行素質。因此，學官的選用關係到國家的前途命運，統治者對學官的任用相當重視。《冊府元龜》總結道：「自漢承秦弊，宗尚經術，求稽古之士，重學官之選。歷代而下，雖廢置或異，而授受之際未嘗輕焉。觀其延登鴻碩，優隆體貌，崇其位著，厚其祿廩，豈徒冗大官之食重高門之地而已。亦將以發揮典籍，申明治具，顧有益於風教耳。非夫大雅宏達，博聞強識，究先王之法言，蘊專門之素業，式可莫二籍甚有聞，即何以稱法師之望，恢教授之業，敷暢先儒之微旨，誘掖方來之俊士，以丹青帝載而化民成俗者哉。〔註 32〕」自漢代以來各朝代都對學官的授受給予高度重視。唐代規定：「凡祭酒、司業，

〔註 30〕汪征魯著《魏晉南北朝選官體制研究》上編《緒論》，第 6 頁。
〔註 31〕參見毛漢光《中國古代賢能觀念之研究》臺灣中央研究院《歷史語言研究所集刊》第 48 本第 3 分冊。
〔註 32〕《冊府元龜》卷五百九十七《學校部‧選任》，第 7159 頁。

皆儒重之官，非其人不居。」〔註33〕；唐憲宗時進一步提出「國子監祭酒司業及學官，並先取朝廷有德望舉職者，充東都國子監諸館」，〔註34〕學官寧缺而毋濫，重在得人。

此外，學官還承擔一部分與外邦交往的職責，不但為外邦留學生講經授課，還時常充當出使外邦的使節，對外展示著國家的形象。鑒於其特殊的社會職能，不言自明，其選任定然有著非同一般的標準。

唐代對於官員選用的統一標準是「身」、「言」、「書」、「判」四事，「（吏部）擇人有四事：一曰身，取其體貌豐偉。二曰言，取其詞論辯正。三曰書，取其楷法遒美。四曰判，取其文理優長。」「四事可取，則先乎德行；德均以才，才均以勞。」〔註35〕「身、言、書、判」四個標準符合就得到了進入官僚系統的第一塊敲門磚。但是具體的官職分配，則與德行、才能、工作量相掛鉤，德行高的優先考慮，如若品行相當，則才高者首選。品德方面自無需多言，但是就「才」而論，其內容包羅萬象，有政事處理之才，有審斷獄訟之才，有論辯諫諍之才等等，不同的政務部門對於才的規定是不同的，那麼學官的「才」究竟具體指什麼？而對學官的「德」又是怎樣規定的呢？

首先：從學官職掌來看，學官儒學水準要求高。

《新唐書》卷44《職官志》中對於國子祭酒、國子司業的職責是這樣定義的：

> 祭酒一人，從三品；司業二人，從四品下。掌儒學訓導之政，總國子、太學、廣文、四門、律、書、算凡七學。天子視學，皇太子齒冑，則講義。釋奠，執經論議，奏京文武七品以上觀禮。凡授經，以《周易》、《尚書》、《周禮》、《儀禮》、《禮記》、《毛詩》、《春秋左氏傳》、《公羊傳》、《穀梁傳》各為一經，兼習《孝經》、《論語》、《老子》，歲終，考學官訓導多少為殿最。」〔註36〕

「掌儒學訓導之政」、「考學官訓導多少為殿最」是國子祭酒與國子司業的行政職責，這項職責可概括為執行政令、考核下屬，是對政府各部門長官的常規性要求，並無特別之處。而「授經」、「講義」、「執經論議」則是從學官學識的角度，即對儒家經典掌握程度提出的要求。為學生講授經典是學官的主

〔註33〕《通典》卷二十七《職官》，第765頁。
〔註34〕《唐大詔令集》卷五《改元元和敕》，第29頁。
〔註35〕《通典》卷十五《選舉》，第360頁。
〔註36〕《新唐書》卷四十八《百官志三》，第1265頁。

要職責，皇太子齒冑「講義」、釋奠「執經論議」，是國子監所承擔的皇太子齒冑禮和釋奠禮兩項禮儀活動的重要內容，都要求開講儒經，敷陳義理，因此通曉儒家經典是從事學官職業的首要條件，而這也正是學官「才」的具體體現。

　　這種對儒家經典的掌握在水平上有更高的要求嗎？答案確定無疑。學官對儒家經典不僅僅是熟讀、背誦，還要理解深入，重在「精通」。原因如下：開放的社會風氣，使得學官在講義、論義之時常常各學派混雜，交相論難，必須技高一籌才能維護儒家與學官整體的顏面。執經論議是釋奠禮的一個重要內容，論議之時「道士沙門與博士雜相駁難」〔註37〕，不但有博學的儒士主講，而且還有佛教、道教人士雜相論難，如果儒學功底不深是很容易被揭穿的。隋代國子監舉行釋奠禮，大儒劉焯與劉炫二人論義，「深挫諸儒，（諸儒）咸懷妒恨，遂為飛章所謗，除名為民。」〔註38〕釋奠禮論議之時諸儒因論義不精，被二劉挫敗，顏面大失，因妒生恨惡意誹謗，迫使皇帝將二人除名。唐高祖時舉行釋奠禮，高祖親臨，「時（博士）徐文遠講《孝經》，沙門惠乘講《波若經》，道士劉進喜講《老子》，（太學博士陸）德明難此三人，各因宗指，隨端立義，眾皆為之屈。」〔註39〕因為陸德明學術造詣技高一籌，才在這次論難中戰勝了道、釋二教，學官才免於難堪。由以上兩個例子可以看出，在釋奠禮中，學官之間，以及學官、道士與沙門之間，三派是互相論難以顯示各自的水平。從某種意義上講，釋奠禮成為三教爭鋒的戰場，同時也是學官學術水平高低的展示臺。另外，國子監內部的學官之間常常有辯駁學問之事，即使國子監的最高長官國子祭酒，如果自身藝不壓人，難於服眾事小，難免還會遭到其他學官的奚落。隋代國子祭酒元善通博儒經的程度本在國子博士何妥之下，但他善於講學，聽者忘倦，為後進所歸，何妥心懷不平，「因（元）善講《春秋》，初發題，諸儒畢集。善私謂妥曰：『名望已定，幸無相苦。』妥然之。及就講肆，妥遂引古今滯義以難，善多不能對。善深銜之，二人由是有隙。〔註40〕」何妥不理會元善的懇求，借元善於講肆講《春秋》的機會，突然提出古今以來的滯留問題以使元善難堪，從此二人產生嫌隙。這個例子展現了學官們在講論中爭高下的場景，客觀反映了國學講論風

〔註37〕《唐會要》卷三十五《釋奠》，第640頁。
〔註38〕《隋書》卷七十五《劉焯傳》，第1718頁。
〔註39〕《舊唐書》卷一百八十九上《儒學傳》，第4945頁。
〔註40〕《隋書》卷七十五《元善傳》，第1708頁。

氣的活躍，如果沒有相當的學術造詣，就很容易在別的學官面前難堪。退一步講，即使沒有學術爭鋒，學官的學術水平如果不能達到相當高的程度，在教學過程中也難以避免來自學生的挑戰。這一切都說明學官精通儒家經典的水平要足夠高，才能勝任。至少也要在一般官員水準之上。

其次：從選拔學官的詔令來看，學官不僅要博學，還必須德高望重。

唐太宗貞觀六年（632 年），下令「盡召天下惇師老德以為學官」〔註41〕；貞觀十一年（637 年），令諸州採訪「儒術該通，可為師範」者為學官。〔註42〕

唐高宗《補授儒官詔》提出「業科高第景行淳良者」〔註43〕才堪充學官。

唐代宗要求「學官委中書門下，選行業堪為師範者充」。〔註44〕

唐憲宗元和元年（806 年）敕書規定：「國子監祭酒司業及學官，並先取朝廷有德望學識者充。」〔註45〕

唐穆宗時下令「天下諸色人中，有能精通一經，堪為師法者，委國子祭酒訪擇，具以名聞，將加試用。」〔註46〕

所謂「淳儒」、「儒術該通」、「學識」、「精通一經」均是從對儒家經典的掌握角度提出的要求，即「才」的方面。所謂「老德」、「景行淳良」、「德望」均是從學官的德行方面提出的要求，「行業堪為師範」、「堪為師法」則是對品行標準的概指，要求才學、道德修養要達到堪為人師的程度，那麼什麼水平才算得上「可為師範」、「堪為師法」呢？實際上不同的歷史時期對於德、才水平的具體規定又是不同的。但是任何一個朝代對於學官的才德兩項都未曾制定過一個固定的標準，因為所謂的博學與道德高尚是一個比較虛的概念，根本不可能有一個固定的標桿來進行比較，尤其道德更不是一個可以硬性規定的東西。因此唐代大多數選拔學官的詔令常常都是含混其詞、籠而統之。但這種標準在人們的觀念中又似乎達到了一種為社會共識的程度，有某種呼之欲出的態勢。這些都反映了唐代學官任用制度尚不夠健全。

如上所述，除了和其他官員一樣需要身、言、書、判的標準之外，國家選任學官要求「德望」、「才高」，即知識方面要博學，通曉儒家經典，品行方

〔註41〕《新唐書》卷一百九十八《儒學傳序》，第 5636 頁。
〔註42〕《唐大詔令集》卷一百二《採訪孝悌儒術等詔》，第 518 頁。
〔註43〕《全唐文》卷十一《補授儒官詔》，第 141 頁。
〔註44〕《舊唐書》卷十一《代宗本紀》，第 282 頁。
〔註45〕《全唐文》卷六十三《改元元和敕文》，第 673 頁。
〔註46〕《全唐文》卷六十六《南郊改元德音》，第 703 頁。

面要具備較高的道德修養。《舊唐書》為五代時人所修，他們評價武則天時期的學校教育時指出「及則天稱制，以權道臨下，不吝官爵，取悅當時。其國子祭酒，多授諸王及駙馬都尉。準貞觀舊事，祭酒孔穎達等赴上日，皆講《五經》題。至是，諸王與駙馬赴上，唯判祥瑞按三道而已。至於博士、助教，唯有學官之名，多非儒雅之實。」〔註47〕批評了諸王駙馬任學官不勝任的理由：一是任教之時不講五經內容，是從才的角度進行的諷刺；二是徒有學官之名而非儒雅之實，所謂儒雅則是從任職人員本身的道德修養方面進行的批評，無德乏才就難以勝任學官之職。教學能力方面至少要語言上能夠表達清楚、講明經藝，這在吏部規定初步考查官員的身、言、書、判標準之一的「判」——「言辭辯證」中已經有所考核，因此在這裡也並沒有特別的強調。

除了以上兩點，對於學官的儀表要求似乎也很重要，隋開皇初，元善儀表非凡，隋文帝每次見到他都讚歎他為「人倫儀表也」，「凡有敷奏，詞氣抑揚，觀者屬目。……後遷國子祭酒。」〔註48〕李翱作《韓公行狀》中，講了韓愈在國子監與學官會食時的一段逸事，唐憲宗時韓愈做國子祭酒，當時國子監有一個精通《禮》的直講，由於「陋於容」，而被其他學官看不起，不和他一起進餐，〔註49〕這則史料側面反映了學官選任對於儀表還是有一定的要求的。唐代新羅、日本等邦崇慕華風，紛紛「上表請令人就中國學問經教」，學官除了教授國子監生徒之外，還要為大量入國子監學習的吐蕃、渤海及其他外邦留學生講經授業。如，開元初，日本「又遣使來朝，因請儒士授經。詔四門助教趙玄默就鴻臚寺教之」〔註50〕，這種授課已非單純的講授學業，還具有特殊的政治意義，學官不再僅僅是儒者的象徵，更代表著天朝大國的形象，對於耀國威、來遠人有著重要作用。因此除了學識淵博、德高望重，學官在儀表方面也絕對疏忽不得。正是由於學官多儀表堂堂、熟識禮儀，所以還時常擔當接待外邦使節的任務，前面所引隋初國子祭酒元善為人倫儀表，遍通五經，「陳使袁雅來聘，上令善就館受書，雅出門不拜。善論舊事有拜之儀，雅不能對，遂拜，成禮而去。」〔註51〕為了達到不討而來賓、教化

〔註47〕《舊唐書》卷一百八十九《儒學傳序》，第4942頁。
〔註48〕《隋書》卷七十五《元善傳》，第1707頁。
〔註49〕《全唐文》卷六百三十九《故正議大夫行尚書吏部侍郎上柱國賜紫金魚袋贈禮部尚書韓公行狀》，第6460頁。
〔註50〕《舊唐書》卷一百九十九上《東夷傳》，第5341頁。
〔註51〕《隋書》卷七十五《元善傳》，第1707頁。關於國家使節對於儀表的要求問題，業師黎虎先生在《漢唐外交制度史》中講早已有過不刊之論，茲不贅述。

遠人的目的，統治者選定國子監為教化遠人的主要機構，唐中宗神龍元年（705年）「敕吐蕃王及可汗子孫，欲習學經業，宜附國子學讀書」〔註52〕，玄宗開元二年（714年）下令「自今已後，蕃客入朝，並引向國子監，令觀禮教。」〔註53〕國子監能夠成為向外邦蕃客宣揚禮教的機構，與國子監禮教的奉行者——學官的特殊選用標準有密不可分的關係。

（二）學官選任標準的浸變——德才輕重的轉變

科舉制是一種以國家統一考試選拔官吏的制度，它在原則上是以文化考試成績為唯一的標準。因為唐代初行科舉，故在制度上尚不完善，執行起來尚有種種干擾因素，文化以外的諸多因素尚起不小的作用〔註54〕。唐代前期，科舉尚存前代重德之舊習，並非僅以文章好壞為準。但是，畢竟在原則上樹立了文化考試成績的準的，到宋代，才真正實現了「一切考諸詩篇」的原則。隨著科舉制度的發展，以考試成績的高下為準在選才中占的比重越來越大，但是德才兼備的選才標準由來已久，很難完全消除其餘緒。自科舉制度開始實行起，關於取士重德還是重才（或重文）的導火索就已經點燃，直到唐朝滅亡，這一爭論依然在繼續。自東漢開始，經學由「才」的標準開始轉變為「德」的象徵〔註55〕，因此發生在唐代的才德之爭，又集中在，對於進士明經科孰輕孰重的爭論上。雖然在這個過程中針對科舉制度的弊端，廢除科舉恢復漢代察舉的呼聲一直未曾停滯，但歷史並未重蹈覆轍，科舉制得以延續並以更強的生命力在中國封建社會扎根下去，壽命達 1300 年之久。科舉制對於唐代選才標準的演變負有不可推卸的責任。

首先，唐代後期學官德才標準的要求均有所降低。在不同歷史時期，學官選用在具體的執行過程中往往與要求不符。大體看來，唐玄宗以前，除了武則天掌權與中宗韋后掌權的一段時期，由於特殊的政治原因，對於學官的選用有著以統治者意志為轉移的情況外，其他大多數時期學官的選用仍然是比較嚴格地遵守著「先乎德行，德均以才」的標準，雖然標準未改，但是要求程度卻有降低的趨勢。安史之亂以後，隨著政治局勢的變動，官學教育的

〔註52〕《唐會要》卷三十六《蕃夷請經史》，第 667 頁。
〔註53〕《唐大詔令集》卷一百二十八《令蕃客國子監觀禮教敕》，第 689 頁。
〔註54〕參見王彥平著《槐花黃，舉子忙》，第一章《大能榮耀苦心人》「始覺文章可致身」節，第 4～6 頁。東方出版社 1998 年 3 月第 1 版。
〔註55〕參見毛漢光《兩晉南北朝士族政治之研究》（上冊）。

衰落等等狀況，使得學官的選任出現某些時候不依照標準進行的情況〔註56〕，學官的選任標準也出現比唐初降低的趨勢。雖然統治者一再強調學行並重，可是實際執行過程中，往往由於各種原因而偏廢某一方面，甚至兩個標準都不符合。唐文宗大和二年（828年）劉蕡應賢良方正能直言極諫科，唐文宗親自策問舉人，帝引諸儒百餘人於廷，出策曰：「太學，明教之源也，期於變風，而生徒惰業。」劉蕡對曰：「生徒惰業，繇學校之官廢」，「蓋國家貴其祿，賤其能，先其事，後其行，故庶官乏通經之學，諸生無脩業之心矣。」〔註57〕當然這是考試中皇帝假設的命題，不免誇大其詞，但劉蕡的應對卻反映了一定的社會現實，即國家任用學官不重視德行，且官員缺乏通經之才。雖然，統治者一直努力想重振官學聲望、對於學官的任用未曾放任，唐中後期仍不乏優秀學官，無奈限於各種客觀歷史條件，學官的選用標準仍然無可挽回地降低了，起碼從詔書反映的內容看是如此。目前所見有關唐中後期學官選任標準的史料如下：唐穆宗長慶元年（821年）《南郊改元德音》與《長慶元年冊尊號詔》均授權國子祭酒從各色人等中訪求能「精通一經，堪為師法者」擢為學官。〔註58〕其後敬宗寶曆元年（825年）《南郊赦文》也規定：「天下諸色人中，有能精通一經，堪為師法者，委國子祭酒選擇，具以名奏。」〔註59〕這幾則詔令無一例外，均表達了中央政府對於學官任用的觀注，但同時也無一例外地規定了學官任用的標準，即凡精通一經，堪為師法者即符合條件。這項要求與唐前期「盡招天下淳儒老德以為教官」、「業科高第景行淳良者」以充學官的標準相比，對儒經掌握程度的要求有著明顯地降低，從淳儒、業科高第放寬為通一經，並未對通的程度有過高的要求；從政令本身看來德行方面的要求似乎也有弱化的趨勢。可見，唐後期對學官德才的要求有著明顯的降低，且德一才二的順序似乎發生了逆轉，出現了偏重知識的考核，弱化德行考察的傾向。

其次，對學官才能要求的變化。隨著科舉制度的發展，學官選任對於才

〔註56〕這一點參見拙文《淺析唐代國子祭酒的選任變化》，《貴州文史叢刊》2005年第3期，此處不予贅述。

〔註57〕《新唐書》卷一百七十八《劉蕡傳》，第5293、5304頁。

〔註58〕《全唐文》卷六十六《穆宗皇帝·南郊改元德音》，第703頁「兩漢用人，蓋先經術。天下諸色人中，有能精通一經堪為師法者，委國子祭酒訪擇，具以名聞，將加試用。」《唐大詔令集》卷十《長慶元年冊尊號詔》，第61頁「天下諸色人中，有能精通一經、堪為師法者，委國子祭酒訪擇」。

〔註59〕《全唐文》卷六十八《敬宗皇帝·南郊赦文》，第720頁。

的要求也出現從經義向重文辭轉化的趨勢。唐肅宗上元元年（760 年）劉秩在上疏中批評了社會上重進士輕明經的風氣，他講道：「國家以禮部為考秀之門，考文章於甲乙，故天下響應，驅馳於才藝，不務於德行。夫德行者可以化人成俗，才藝者可以約法立名，故有朝登甲科而夕陷刑辟，制法守度使之然也。陛下焉得不改而張之！至如日誦萬言，何關理體；文成七步，未足化人。昔子張學干祿，仲尼曰：『言寡尤，行寡悔，祿在其中矣。』又曰：『行有餘力，則以學文。』今捨其本而循其末。……夫人之愛名，如水之務下，上有所好，下必甚焉。陛下若以德行為先，才藝為末，必敦德勵行，以佇甲科，豐舒俊才，沒而不齒，陳寔長者，拔而用之，則多士雷奔，四方風動。風動於下，聖理於上，豈有不變者歟！」〔註 60〕儒家歷來奉行經明行修，把經學看作儒家倫理道德的載體，但是唐代重進士的風氣，使人才選用普遍偏重文辭輕視德行，導致許多士人有才藝而乏德行。劉秩認為重文辭輕德行是舍本逐末的行為，只有皇帝倡導敦德勵行才能徹底改變重才藝輕德行的社會風氣。但劉秩一廂情願的倡議，不但未達到力挽狂瀾的功效，反而有螳臂當車之嫌。此後歷代對科舉選任不重德行的批評雖多，但很少有可行的、有建設性的意見，除了主張恢復古代的鄉舉里選的意見之外，別無建樹。如唐代宗寶應二年（763 年），以禮部侍郎楊綰為首，包括李棲筠、賈至、嚴武等大臣提出廢除科舉制，恢復兩漢時代察舉制的意見。歷史已經證明察舉制的時代已經一去不返，「舉秀才，不知書；察孝廉，父別居。寒素清白濁如泥，高第良將怯如雞」〔註 61〕，早在漢代，察舉制的這種弊病就已顯現，這種選任方式只能引起士人對於德行的矯飾和虛偽。唐代更是出現有人奔馬驅馳、星夜兼程以應不求聞達科的事件。由於積重難返，無糾正科舉制弊端的有效方法，致使唐代形成「大臣以無文為恥」〔註 62〕的政治共識。於是這股風潮一直延續到唐末五代，學官的任用也受到影響，有些學官出身進士，只懂得吟詩作賦，對於儒家經典並無高深的造詣。基於此矛盾，早在唐憲宗時期就已經規定對於新上任學官嚴加考試的辦法，元和年間韓愈上《國子監論新注學

〔註 60〕《通典》卷十七《選舉》，第 407 頁。

〔註 61〕《抱朴子外篇校箋》卷之十五《審舉》，第 393 頁。

〔註 62〕《全唐文》卷二百二十五《唐昭容上官氏文集序》，第 2275 頁。「自則天久視之後，中宗景龍之際，十數年間，六合清謐，內峻圖書之府，外闢修文之館。搜英獵俊，野無遺才，右職以精學為先，大臣以無文為恥。每豫遊宮觀，行幸河山，白雲起而帝歌，翠華飛而臣賦，雅頌之盛，與三代同風，豈惟聖后之好文，亦云奧主之協贊者也。」

官牒》，奏請：「非專通經傳，博涉墳史，及進士五經諸色登科人，不以比擬（學官）。其新受官，上日必加研試，然後放上，以副聖朝崇儒尚學之意。」〔註63〕但考試的程序、內容以及是否切實執行，我們都不得而知。唐代未能解決科舉重文辭與學官重明經之間的矛盾，有「文辭」成為整個社會「才」的代名詞，這與學官選任以經義為才相左，結果社會風氣動搖了學官的選任標準，使學官「才」的標準出現由經義向文辭轉變的現象。劉嶢在上疏中曾引用孔子的話「行有餘力，則以學文」，明確指出德行為本，文章為末。唐前期學官選用時對德行方面的要求高於普通官員。《唐書·選舉志》「太宗時，冀州進士張昌齡、王公謹有名於當時，考功員外郎王師旦不署以第。太宗問其故，對曰：『二人者，皆文采浮華，擢之將誘後生而弊風俗。』其後，二人者卒不能有立。」〔註64〕由於文辭浮華會導致風俗之弊，才子張昌齡被擋在功名場外。但是在中後期世俗重文辭潮流的帶動下，因文辭而得選任祭酒竟然成為常事，如唐文宗時，王涯在告享祖廟時向祖先誇耀次子王潔「以奇文仕至國子祭酒」〔註65〕，強調奇文而非經術或道德，恰好反映了當時對於學官選用以文為重的社會認同性。

　　至遲在宋代就明確了通過考試選用學官的制度，並且制定了詳細的報考條件和按考試成績授予相應官職的具體細則。「（政和）八年，詔兩學博士、正、祿並諸州教授兼用元豐試法，仍止試一經。」其後注釋進一步解釋了元豐試法的具體內容：「進士第一甲，或省試十名內，或府、監發解五名內，或太學公、私試三名內，或季試兩次為第一人，或上舍、內舍生，或曾充經論以上職掌，或投所業乞試，並聽試，入上等注博士，中下等注正、祿，即人多闕少，願注諸州教授者聽。」〔註66〕考試內容為試一經，根據考試成績決定授任學官的級別，不再對學官的德行有特別的要求。為了解決科舉制度與學官選任之間的矛盾，北宋朝廷在科舉出身的前提下，通過試經來選用學官，保證了學官有較高地解讀儒家經典的水平。那麼宋代通過考試任用學官的制度是否忽略了士人的德行呢？回答為否。宋代是如何做到同時兼顧德行、學問的標準呢？鑒於考察德行的難度大，缺乏可操作性，宋代人採用了一種類似唐代明經試的考試形式，達到德才兼顧。因為中國儒家經典的學問，是以

〔註63〕《韓昌黎文集校注》卷八《國子監論新注學官牒》，第637頁。
〔註64〕《新唐書》卷四十四《選舉志》，第1166頁。
〔註65〕《文苑英華》卷八百八十一《代郡開國公王涯家廟碑》，第4647頁。
〔註66〕《宋史》卷一百六十五《職官志》，第3914頁。

儒家的修齊治平為主要內容的心性之學,是圍繞經典的訓詁考訂之學,這樣的學問必然對研修這種學問的人產生影響;以經義考試使學子士人在涵詠儒家經典的同時,也會受到「尊德性而道問學」的薰陶,除了增進學問之外,也能變化氣質,改良德性。〔註67〕每天吟詠以仁義道德為內容的儒家經典,自然要受到感化,這就是經明行修的本意。因此試經雖然沒有具體考察德行的內容,但是卻將對於德行的要求暗含在內,不過不似唐初那樣將德行看的高於一切。自唐穆宗後開始的學官考試通一經的制度至宋代定型,成為學官選用的方式,雖然不如唐初對於德行的要求高,但也並非完全不考慮德行聲望,只是更側重於可操作性的規範,這也是文官制度進步的標誌之一。隨著文官制度的發展,官員選用標準的規程日漸完備,可操作性越來越強,雖說難免會出現機械性與僵化的弊病,但不可否認這種標準也變得更為公正客觀。

(三)學官「德」標準原因初探

中國自古以來教師的選用標準中「德」的要求都占很大比重,甚而至於對當今的教師行業仍有著深刻的影響,「學博為師,德高為範」、「學為人師,行為世範」仍然是當今師範類院校的校訓與培養目標。學問自不待言,所謂品行、道德都是對於教師道德標準的要求,是為人師的重要前提,說明自古至今學術水準、道德水平都是成為教師必備的兩項條件。即使某些階段對於道德水平的重視程度、以及在學術的側重方面出現差異,但德與學卻沒有一項被取締,尤其在德這一點上,不管其他政府官員的選用標準如何變化,學官的道德標準伴隨著學官的出現而生,卻並未隨著封建社會制度的全面坍塌而廢止,緣何「德」在學官的選用中地位如此重要呢?

「德」之所以成為學官標準中不可或缺的一環,除了由於學官的特殊身份之外,還與儒家的文治理念有關。師在中國古代被看作是「道」的載體,韓愈曾經說過「師者,所以傳道授業解惑也」,他們肩負著人類道德、文化傳承等多重責任,屬於謀道而不謀食者,因此,對於他們自身品行必然要求嚴格。儒家歷來講究「學而優則仕」,孔子說「君子謀道不謀食。耕也,餒在其中矣;學也,祿在其中矣」〔註68〕,把學習文化作為做官謀生的門路;《論語·子張》中子夏進一步指出:「仕而優則學,學而優則仕」,聖賢們的思想為文

〔註67〕 王炳照、徐勇主編《中國科舉制度研究》,第 454 頁。河北人民出版社 2002
　　　　 年6月第1版。
〔註68〕 《論語·衛靈公》。

－125－

人入仕從政指明了方向。漢代自董仲舒獨尊儒術之後形成的封建「利祿政治」則是儒家文治理念的實踐與發揚。所謂文治主要是基於儒家反對刑罰的理念，是相對於「法治」而言的，強調「以德化民」，迷信道德是儒家文治理念的主要內涵〔註69〕。要求統治者具有文化和道德素質，才能做到「以德治國」，因此儒家標榜「學而優則仕」，而《論語》所言皆為「學文」、「學禮」「學道」的內容，絕少談及學法之類內容。自漢代獨尊儒術後，儒家的文治理念便得以踐行，國家的統治者上至皇帝，下至各級官吏都開始學習儒經，「道德」成為官員的主要選拔標準。一直到南北朝時期，官員的德行標準始終位於首要地位，社會上衡量一個人的地位仍然以輿論品評為基礎，兼顧政治與文學。隨著貴族政治的結束與文人政治的興起，至隋唐時代「重文輕儒」蔚然成風，「儒士」、「儒教」、「儒學」的概念讓位於「學士」、「文教」、「文學」，貴族階級「以德取人」德標準逐步讓位於「文學」之士，只有熟練掌握文辭運用技巧的人才被理解為有文化的人，是做官的基本素質，德行在實際上已不是選官的首要標準。〔註70〕只剩下學官的任用仍然保留著以德取人的標準，學官的職責是以教授儒家經典為主，沒有理由不以儒家的品德標準品評任用學官。可能這也是兩千多年學官自產生以來，德行標準得以始終保持的重要原因。這個標準始終是學官任用的首要條件，雖然某些時候會受到社會大背景的影響，但是始終都沒有被廢止。

三、學官的考課

考課是古代官吏管理的一個重要組成部分，正確的選拔、任用官吏有利於提高政府部門的工作效率。考課的結果是獎懲。宋代蘇洵在《上皇帝書》中說：「夫有官必有課，有課必有賞罰。有官而無課，是無官也；有課而無賞罰，是無課也。無官無課，而欲求天下之大治，臣不識也。」〔註71〕道明考課與賞罰是實現天下大治的必要條件。

唐代的考課程序遵循自下而上進行呈報的方式。每年內外官署的長官對參加考課的本部門官員寫一個簡明的考狀，對其一年來的工作情況做出評定。具體到學官就是縣的學官如博士等由縣令負責，州屬學官和縣令都由司功參軍負責，州刺史則由節度使或者皇帝派出的採訪使考核。考狀完成後要

〔註69〕參見李福長：《唐代學士與文人政治》緒論《儒家的文治理念》。
〔註70〕參見李福長：《唐代學士與文人政治》緒論《儒家的文治理念》。
〔註71〕《嘉祐集箋注》卷九《上皇帝十事書》，第285頁。

上交有關部門作為考核依據。州、縣官員的考狀要彙集到州府，由錄事參軍匯總，刺史當眾宣讀，大家評議。最後由錄事參軍根據大家的意見寫出正式考狀，即考績評語。考評時分上中下九等定其等第，這叫考第。由州府進行的考評叫做州校考，「凡天下朝集使皆令都督、刺史及上佐更為之；若邊要州都督、刺史及諸州水旱成分，則佗官代焉。皆以十月二十五日至於京都，十一月一日戶部引見訖，於尚書省與群官禮見，然後集於考堂，應考績之事。」〔註72〕地方負責考校的官員稱朝集使，由都督、刺史、或者上佐（長史、別駕、司馬等）擔任，州校考的考狀因為要在十二月二十五日由朝集使帶到京城，所以各地按距離京城的路程遠近，規定校定完成的時間也有早晚之別，路程遠的校定完成早。中央國子監四品以下的學官，由長官國子祭酒、國子司業按學官一年的功過行能寫出考狀，然後對眾宣讀，議其當否，並且按其考績分為九等，定其考第。由各司進行的考評叫做司校考。

　　各司、州長官考校完畢後，將考狀裝訂成簿，報呈尚書省，由中央進行統一校考。校考的地點在尚書省的考堂，各司、州長官「集於考堂，應考績之事」〔註73〕。尚書省的吏部考功司負責考校百官，「掌內外文武官吏之考課」〔註74〕，又稱為省校考。其中，「郎中判京官考，員外郎判外官考」〔註75〕，京官的考課由考功郎中主持判定，外官則由考功員外郎負責，他們被稱為知考使或判考使。「每年別敕定京官位望高者二人，其一人校京官考，一人校外官考。又定給事中、中書舍人各一人，其一人監京官考，一人監外官考」〔註76〕，除了皇帝委派的京官二人擔任校考使外，還有給事中、中書舍人二人組成的監考使。由知考使、校考使、監考使六人分為兩組分別考校內外學官，三人共同核查覆審國子監、州上報的學官考績、考第。如若發現不符，知考使有權改正，考核後，考使們要重新寫出其考績、考第，然後當眾對應考的京官和各地的朝集使宣讀。若無異議即上奏朝廷，並將各自的考績、考第正式謄錄在考簿上，入庫存檔，為以後銓選或升遷時檢勘用。之後，給所有應考的內外官發放考牒作為憑據，京官考發給本人，外官考由朝集使帶回。

〔註72〕《唐六典》卷三《尚書戶部》，第79頁。
〔註73〕《唐六典》卷三《尚書戶部》，第79頁。
〔註74〕《唐六典》卷二《尚書吏部》，第41頁。
〔註75〕《唐六典》卷二《尚書吏部》，第42頁。
〔註76〕《舊唐書》卷四十三《職官志》，第1822頁。

　　親王、宰相及京官三品以上官，外官大都督、節度使以上官，只將功過行能寫成考狀，奏於皇帝，由皇帝裁定其考績、考第。內外官改官其他部門，其考核由後任司、州申報。

　　考核內容和標準即四善二十七最。四善即「一曰德義有聞，二曰清甚明著，三曰公平可稱，四曰恪勤匪懈」是對品德的考驗。二十七最是指技能方面，不同的職務有不同的考核標準。其中學官的考核標準即第十二條，「訓導有方，生徒充業，為學官之最」。

第二節　學官的遷轉途徑

一、釋褐官

　　包括兩種情況：一種是釋褐後直接成為學官；一種是釋褐之後成為其他部門的官員，歷經遷轉成為學官。

　　釋褐後直接成為學官主要有三個途徑，一個途徑是未通過科舉考試由皇帝徵召，另一種途徑是由其他官員薦舉，這兩種情況在學官的選舉方式一段中有詳細敘述。還有一種情況是科舉及第者被吏部直接授予學官。科舉及第直接被授予學官者，大多是擔任地方學官，或者成均直講、國子直講、四門助教等較低品級的學官。隋大業初，孔穎達「舉明經高第，授河內郡博士。」〔註77〕玄宗時祭酒褚無量，初舉明經，則天皇帝「下制嘉辟。用超倫等，即拜成均直講」〔註78〕開休元「廿一，鄉貢明經擢第。其年預大成。」〔註79〕「賀知章「少以文詞知名，舉進士。初授國子四門博士。」〔註80〕歸崇敬明經中第，「遭父喪，孝聞鄉里。調國子直講。天寶中，舉博通墳典科，對策第一，遷四門博士。」〔註81〕除此之外，對於士子科舉及第釋褐為學官的情況，一些筆記小說中也有所反映。《太平廣記》卷274引《閩川名士傳》載：

> 歐陽詹字行周，泉州晉江人。弱冠能屬文，天縱浩汗。貞元年，
> 登進士第，畢關試，薄遊太原。於樂籍中，因有所悅，情甚相得。

〔註77〕《新唐書》卷一百九十八《孔穎達傳》，第5643頁。
〔註78〕《全唐文》卷二百五十八《蘇頲·贈禮部尚書褚公神道碑》，第2612頁。
〔註79〕《唐代墓誌彙編》開元三九０《唐故朝散大夫國子司業上柱國開府君墓誌並序》，第1426頁。
〔註80〕《舊唐書》卷一百九十《賀知章傳》，第5033頁。
〔註81〕《新唐書》卷一百六十四《歸崇敬傳》，第5036頁。

及歸，乃與之盟曰：「至都，當相迎耳。」即灑泣而別，仍贈之詩曰：「驅馬漸覺遠，回頭長路塵。高城已不見，況復城中人。去意既未甘，居情諒多辛。五原東北晉，千里西南秦。一屨不出門，一車無停輪。流萍與繫瓠，早晚期相親。」尋除國子四門助教，住京。籍中者思之不已，經年得疾且甚，乃危妝引譬，刃而匿之，顧謂女弟曰：「吾其死矣。苟歐陽生使至，可以是為信。」又遺之詩曰：「自從別後減容光，半是思郎半恨郎。欲識舊時雲髻樣，為奴開取縷金箱。」絕筆而逝。及詹使至，女弟如言，徑持歸京，具白其事。詹啟函閱文，又見其詩，一慟而卒。〔註82〕

這段文字記述了歐陽詹與太原樂妓之間淒美的愛情故事，歐陽詹進士及第守選期間曾遊歷太原，從太原回京師參加銓選後，被授予的官職就是國子監四門助教。《雲溪友議》卷二《房千里》也記載：

> 房千里博士初上第，遊嶺徼。詩序云：「有進士韋滂者，自南海邀趙氏而來，十九歲為余妾。余以鬢髮蒼黃倦於遊從，將為天水之別。尚有數秋之期，縱京洛風塵，亦其志也。趙屢對余潛然恨，恨者未得偕行。即泛輕舟，暫為南北之夢，歌陳所契，詩以寄情。曰：鸞鳳分飛海樹秋，忍聽鐘鼓越王樓。只應霜月明君意，緩撫瑤琴送我愁。山遠莫教雙淚盡，雁來空寄八行幽。相如若返臨邛市，畫舸朱軒萬里遊。」（原注：萬里，橋名，在蜀川。）房君至襄州，逢許渾侍御，赴弘農公番禺之命。千里以情意相託，許具諾焉。才到府邸，遣人訪之，擬持薪粟之給。曰：「趙氏卻從韋秀才矣。」許與房、韋具有布衣之分。欲陳之，慮傷韋義。不述之，似負房言。素款難名，為詩代報。房君既聞，幾有歐陽四門詹太原之喪（原注：歐陽太原亡姬之事，孟簡尚書已有序述之矣）。〔註83〕

這段文字也記述了一段青年男女的感情故事，房千里進士及第後、在吏部授官之前的待選期間，曾遊歷嶺南，遇見趙氏，後來迫於秋季銓選在即，與趙氏離別。他在歸闕途中遇到好友許渾，託付許渾代為尋找照顧趙氏，許渾到

〔註82〕《太平廣記》卷二百七十四《歐陽詹》，第2161頁。

〔註83〕《雲溪友議》卷二《房千里》，第9頁。此事尚有房千里詩一首為證，《全唐詩》卷516《寄妾趙氏》，第5901頁，「鸞鳳分飛海樹秋，忍聽鐘鼓越王樓。只應霜月明君意，緩撫瑤琴送我愁。山遠莫教雙淚盡，雁來空寄八行幽。相如若返臨邛市，畫舸朱軒萬里遊。」

達府邸之後立即差人尋訪，但趙氏當時已經嫁給了進士韋滂，於是許渾寫詩代報房千里，這時的房千里已經被授予博士的官職〔註 84〕。

多數人並非釋褐之後直接被授予學官之職，而是先進入其他部門，歷經遷轉之後成為學官，這種情況最為常見。科舉及第後的任職途徑較多，其中較為常見的是入幕為僚。許多士人科舉及第後先被幕府辟為僚佐，之後才被授予學官之職。這種情況開始於唐玄宗時期，唐玄宗「（開元）十八年四月，侍中裴光庭以選人既廣常限，或有出身二十餘年而不獲祿者，復作循資格，定為限域。凡官罷滿，以若干選而集，各有差等，卑官多選，高官少選，賢愚一貫，必合乎格者，乃得銓授，自下升上，限年躡級，不得逾越。久淹不收者皆荷之，謂之「聖書」。雖小有常規而求材（原為「財」，疑誤）之方失矣。其有異才高行聽擢不次，然有其制而無其事，有司但守文奉式循欲壓例而已。」〔註 85〕《循資格》的頒布是為了緩解入流無限，而官員職位有限的情況，規定「限年躡級不得逾越」，即按參選人資歷深淺續階的選官方法。這種選任方法減少了選人之間的紛爭，簡化了有關部門的事務，「有司但守文奉式循欲壓例而已」。這樣就增加了及第舉人參加吏部銓選的困難。安史之亂爆發後，玄宗為解決當務之急，下制放寬了諸使自擇幕僚的權力，因此大量守選的及第士人湧入藩鎮。其後，元和十五年（820 年）中書門下奏、大和三年（829）中書門下奏、大和九年（835 年）中書門下奏、武宗會昌二年（842 年）《加尊號赦文》、會昌五年（845 年）六月敕、乾符二年（875 年）南郊敕，等等，都不同程度的放寬了入幕及第舉人的考限，超資授官，為科舉出身者入辟使府，進而迅速升遷中央清官、清望官，開了方便之門。而且由幕府入朝廷之後，前途光明，白居易起草制詔稱：「今之俊義先辟於征鎮，次陞於朝廷。故幕府之選，下臺閣一等，異日入而為大夫、公卿者十八九焉。」〔註 86〕宋人洪邁在《容齋續筆》卷一《唐藩鎮幕府》中說：「唐世士人初登科或未仕者，多以從諸藩辟署為重。」此言不虛，可以從名士韓愈的經歷看出，韓愈「擢進士第。會董晉為宣武節度使，表署觀察推官。晉卒，愈從喪出，不四日，汴軍亂，乃去依武寧節度使張建封，

〔註 84〕《全唐文》卷七百六十《房千里》第 7901 頁，記載房千里曾任國子博士，其他記載只說博士，沒有詳細說明是否國子博士。由於國子博士位高五品，進士初及第即被授如此高的官職似不大可能。由於只有此一條記載，因此是否及第初即任國子博士，尚存疑。

〔註 85〕《冊府元龜》卷六百三十《銓選部·條制二》，第 7552 頁。

〔註 86〕《文苑英華》卷四百十二《授溫堯卿等賜緋充滄景江陵判官制》，第 2089 頁。

建封辟府推官。操行堅正，鯁言無所忌。調四門博士」。〔註 87〕韓愈進士及第之後被辟入宣武軍節度使幕府，是在他屢次吏部選落敗之後。它在貞元十一年《上宰相書》中自述：「四舉於禮部乃一得，三選於吏部卒無成；九品之位其可望，一畝之宮其可懷。遑遑乎四海無所歸，恤恤乎饑不得食，寒不得衣」〔註88〕，這段自述說盡了舉子入選的艱辛，他迫於生計不得不以節度使幕府為跳板，曾先後在宣武節度使董晉、武寧節度使張建封幕府任職，之後才從幕府調入中央任四門博士，其後仕途較為通暢。除了韓愈以外，國子祭酒皇甫鏞，進士及第後，「累歷宣歙、鳳翔使府從事，入為殿中侍御史」〔註 89〕等等，這種情況在唐中期以後不一而足。無論是七品的四門博士，還是六品的殿中侍御史，均為清官。可見出節度使幕府後可直接被授予清官，及第士人入幕為仕途的發展提供了比參加吏部銓選更為有利的條件。所以幕府成為學官釋褐之後的重要出路，尤其中唐以後這種趨勢愈發明顯。

二、遷入官

這部分內容主要是針對史籍中所見的曾經擔任過學官的人，通過對其擔任學官之前所任官職的分析，探討學官官職遷轉的規律。

首先，分析國子祭酒遷入官統計表。

唐代國子祭酒遷入官統計表

相關部門	地方長官			尚書省			宰相	門下省		王府官		秘書省
官職	府尹	都督（都護）	刺史、節度使、觀察使	左右丞	六部侍郎	司門郎中		左散騎常侍	中書舍人	王府師（傅）	司馬	秘書監
品級	從三品	從二、正三、從三品	從三、正四品上下	正四品上下	正四品上下	從五品上	三品以上	從三品	正五品上	從三品	從四品下	從三品
人次	1	2	17	2	9	1	8	7	1	4	1	4
總計	20/28%			12/17%			8/11%	8/11%		5/7%		4/6%

〔註87〕《新唐書》卷一百七十六《韓愈傳》，第 5255 頁。

〔註88〕《全唐文》卷五百五十一《上宰相書》，第 5583 頁。

〔註89〕《舊唐書》卷一百三十五《皇甫鏞傳》，第 3743 頁。

相關部門	太子宮				太常寺		國子監	大理寺		太僕寺	中書省	殿中省
官職	太子率更令	太子賓客	右庶子	太子率更令	太常卿	太常少卿	國子司業	少卿	大理卿	太僕卿	右散騎常侍	尚衣奉御
品級	從四品上	正三品	正四品下	從四品上	正三品	正四品上	從四品下	從四品下	從三品	從三品	從三品	正五品上
人次	1	1	1	1	2	1	2	1	1	2	1	1
總計	4/6%				3/4%		2/3%	2/3%		2/3%	1/1%	1/1%

從表中可知，遷爲國子祭酒前所任官職明確的共 72 人次，其中由地方官升遷而來的共 20 人次，占到總數的 28%，且全部爲都督、刺史、府尹、節度使、觀察使等地方府州、藩鎮的最高長官，職位大都在正四品以上，與國子祭酒從三品職位相當或略高，基本屬於平級改轉。將曾任國子祭酒者，在擔任祭酒之前的官職，按部門進行分類，由高到低排序，依次爲，尚書省 12 人次，占已知總數的 17%；宰相 8 人次，占 11%、門下省 8 人次，占 11%、王府官 5 人次，占 7%；秘書省 4 人次，占 6%；太子宮 4 人次，占 6%；太常寺 3 人次，占 4%；國子監 2 人次，占 3%；大理寺 2 人次，占 3%；太僕寺 2 人次，占 3%；中書省 1 人次，占 1%。中宗時，太僕寺尚衣局尚衣奉御葉靜能由於善於符禁小術，「以妖妄爲上所信重」，屬於國子祭酒遷入官中的特例。在國子祭酒遷入官表中可以發現，國子祭酒中由地方官職遷轉而來的最多，原因在遷出官一段中有詳細解釋，此處不再敘述。除了地方官之外，由尚書省遷爲國子祭酒的占第二位，而其中又是以六部侍郎人數最多，共有 10 人次，這說明尚書省六部作爲國子監的直接領導部門，與國子監業務往來最頻繁，熟知國子監的管理事務，因此職位略低於國子祭酒的六部侍郎直接接手國子監的管理事務順理成章，因此侍郎成爲國子祭酒遷入前的最主要職位。表中還有宰相除爲祭酒的情況，宰相職位高於國子祭酒，基本屬於被降職，或被當權者以某種尊賢的名義置於閒職、排擠出權力中樞之外。該表還顯示有國子司業 2 人，曾升任爲國子祭酒，並不見其他博士、助教超昇爲祭酒的情況，國子司業是國子祭酒的副貳，由此可見，國子監內部有著嚴格的按照品級高低升遷的秩序。國子祭酒來源的另外幾種情況，包括來自其他寺監的長官或其副貳，還有太子宮、王府的輔弼官員，大都屬於文化部門的官員。非文化部門轉遷爲祭酒的人雖然很少，但基本上也都是某一時期的文化精英，如宰

相陸敦信、朱敬則、韋嗣立、鄭覃、孔緯、李嶠等，他們或為當代大儒、或為文辭巨匠，都是文人中的佼佼者；大理寺官員改任國子祭酒的有大理卿孔戣、大理少卿喬琳。孔戣是孔子三十八代孫，有深厚的家學淵源，喬琳「孤貧志學，以文詞稱」〔註90〕；太僕卿楊寧學問品性為諸儒所稱，李涪是「宗籍宿儒」，他們都有著深厚的文化素養。因此，國子祭酒雖為國子監的最高行政長官，是國家行政系統的官員，但其遷轉有一定的規則：基本都是在文化系統之內，由文化素養較高的人擔任。

其次，根據國子監博士遷入官表進行分析。由於國子祭酒是國子監的最高行政長官，所以其遷轉改任多與其他部門的長官發生較多的關係，不能充分的體現學官特殊的遷轉規律。下面將通過唐代國子監博士的遷入情況進一步分析，可以發現國子監內部官員的遷轉是有著非常鮮明的特點的。從唐代博士遷入官分析表看：

唐代國子監博士遷入官分析表

相關部門	國子監	地方官	尚書省	秘書省	太常寺	大理寺	王府官	東宮官
博士總人數（59）	24/41%	10/17%	6/10%	5/8%	4/7%	4/7%	3/5%	3/5%

國子監博士，包括國子學、太學、四門學、廣文館四館的博士，即國子博士、太學博士、四門博士和廣文博士，這些博士中有 24 人是從國子監其他職務的官員遷轉而來，這部分人占總數的 41%，而且多從低級的學官升遷而來。對國子學、太學、四門學、廣文館，四館博士遷入官表進行統計。對成為國子博士前的已知人員的職位進行統計，發現其中有國子助教 6 人，太學博士 5 人，四門助教 1 人；太學博士遷入前的任職統計中，有太學助教 3 人，四門博士 2 人，國子助教 2 人，廣文助教 1 人；四門博士遷入前的任職統計中，有四門助教 4 人。由此不難發現，國子監的四學博士大部分都是由各自對應的助教升遷而來，國子博士大部分由國子助教升遷而來，太學博士由太學助教升遷，四門博士多從四門助教升遷而來。可以確定，國子監各學館之內存在著主管教學的學官由低到高的升遷秩序，而各學館之間主管教學的博士、助教也存在著由低到高的升遷規律。

〔註90〕《舊唐書》卷一百二十七《喬琳傳》，第 3576 頁。

唐代國子博士遷入官統計表

相關部門	國子監			禮部		吏部		兵部	秘書省			太常寺			地方官		
官職	國子助教	太學博士	四門助教	禮部員外郎	膳部員外郎	考功員外郎	吏部郎中	職方員外郎	秘書少監	著作郎	秘書郎	太常丞	協律郎	太常博士	法曹參軍	司錄參軍	刺史
品級	從六品上	正六品上	從八品上	從六品上	從六品上	從六品上	從五品上	從六品上	從四品上	從五品上	從六品上	從五品上	正八品上	從七品上	正七品	正七品上	四品以上
人次	6	5	1	2	1	1	1	1	1	3	1	1	1	1	1	1	1
總計	12			6					5			3			3		

備註：任國子博士以前官職明確者共 28 個（其中韓愈兩次擔任國子博士）

唐代太學博士遷入官統計表

相關部門	國子監			地方官		王府官		東宮官		太常寺	
官職	廣文助教	太學助教	國子助教	四門博士	縣丞	幕府官	司倉參軍	東閣祭酒	文學館學士	太子文學	太常博士
品級	從七品上	從七品上	從六品上	正七品上	從七品上		八品以上	從七品上		正六品下	從七品上
人次	1	3	2	2	1	2	1	1	2	1	1
總計	8			4		3		1		1	

唐代四門博士遷入官統計表

相關部門	國子監	東宮官	地方官
官職	四門助教	左衛率府錄事	幕府官
品級	從八品上	從八品上	
人次	4	1	1
總計	4	1	1

　　以上各表中都有地方官或其他官員隔品授任學官的情況，唐代對於隔品授職是有著嚴格規定的，「若都畿、清望，歷職三任，經十考已上者，得隔品授之。不然則否。」其後解釋「謂監察御史、左・右拾遺、大理評事、畿縣丞・簿・尉三任十考已上，有隔品授者。」〔註91〕《唐會要》卷七十五《選部下》聖曆三年（700年）正月三十日敕，也有記載，「監察御史、左・右拾遺、赤縣簿・尉、大理評事、兩畿縣丞・主簿・尉三任已上，及內外官經三任十考以上不改舊品者，選敘日各聽量隔品處分。餘官必須依次授任，不得超越。」雖然兩書對於隔品授職人員的選任條件記載有出入，但是各自所羅列隔品授官的具體官職是一致的。這種隔品授職的規定在學官的遷轉上有著明確的體現，以廣文博士遷入官表爲例，武宗時官爲從八品的大理評事苗紳被遷爲正六品的廣文博士；懿宗時河南畿縣陸渾尉李推賢升遷爲廣文博士，品級由正九品下一躍而爲正六品上，即符合《唐六典》、《唐會要》中隔品授職的規定。（廣文博士遷入官表中有文宗時的盧就由縣尉遷爲廣文博士，由於記載中未標明具體屬於哪個縣的縣尉，此處不予置評。）

唐代廣文博士遷入官統計表

相關部門	大理寺	東宮官	地方官
官職	大理評事	左衛率府錄事	縣尉
品級	從八品上	從八品上	九品以上
人次	4	1	2
總計	4	1	2

三、部門內的升遷

　　國子監是分行政與教學兩套系統的，國子監內部，學官正常的官職升遷也基本按照這兩套體系進行，有著各自的秩序。教學系統的學官基本依照級別由低到高的次序升遷，而行政系統國子司業以下的低級行政官員，如丞、簿等，由於所從事工作與其他各部門的行政官員基本相通，並不因在國子監而有所不同，因此他們與其他部門的行政官員一樣循由品級自下而上升遷，並不僅限於國子監內部遷轉。此節著重分析唐代國子監教學系統的學官內部

〔註91〕《唐六典》卷二《尚書吏部》，第27頁。

升遷的特點。唐代將仕郎守國子監四門助教歐陽詹，在《上鄭相公書》一文中，說他自己是：

> 五試於禮部，方售鄉貢進士，四試於吏部，始授四門助教。夫人百行庶幾，萬事留心，不仕則已，仕則冀就高衢遠途，展其素蓄，垂名於後代，播美於當時。匪徒利斗粟，希片帛，救寒暑，給朝夕也。所以利斗粟、希片帛者，不能無之，其將百行庶幾，萬事留心之流，有所分別也。某非斯人之徒歟？其幕彼人之徒歟？企夫高衢遠途也。噫！四門助教，限以四考，格以五選，十年方易一官也。自茲循資歷級，然得太學助教，其考選年數，又如四門。若如之，則二十年矣。自茲循資歷級，然得國子助教，其考選年數，又如太學。若如之，則三十年矣。三十年間，未離助教之官。人壽百歲，七十者希。某今四十年有加矣，更三十年於此，是一生不睹高衢遠途矣。況先三十年，孰知存亡哉？其或素蓄，當在重泉之下矣。忖己方人，所以知百行修，萬事精，內扣潛鳴，外聽無聲，非不願用，而人不用，非不願旌，而人不旌，雖和平之代，至老至死者，十有十百有百千有千也。

文中講道，按考限，四考為滿；論選格，五年守選，第十年才能授以太學助教。太學助教也要經過四考五選，第二十年才能再授以國子助教。國子助教，又經四考五選，第三十年才能再授以他官。歐陽詹雖然以較為誇張的說法訴說了守選之弊，但更重要的一點，他十分明確地捋順了學官內部遷轉的秩序。由四門助教而太學助教再升為國子助教，說明了學官在未轉任其他部門官員之前，一般的升降都是在國子監學官內部進行，而且多按部就班、循同一遷轉順序進行。對唐代學官內部遷轉的大量材料進行分析，非常明確學官內部遷轉有兩條途徑：一條途徑就是助教、博士各自的升遷路徑。如歐陽詹所述，國子監內的博士、助教按照級別由低到高的順序，分別有各自的一條升遷路線。其中助教升遷，如圖所示：四門助教—太學助教—國子助教，國子助教之後可能就升為高一級的國子博士；博士升遷圖：四門博士—太學博士—國子博士，國子博士之後可能就升為國子司業、而後國子祭酒。如：齊威由四門博士遷為太學博士；郭山惲自太學博士遷為國子博士，而後遷國子司業；侯行果先為太學博士，後遷國子博士，再後遷國子司業；施士丐由四門助教

遷為太學助教，之後遷為太學博士等等。另一條途徑就是，先館內，後館間順次升遷圖。國子監中儒學館的級別由低至高，依次為四門館、太學館、國子館，助教、博士多按照級別在館內升遷，出本館後升為高一級學館的博士、助教。如蓋文達由郡博士遷為國子助教，之後為國子博士，再後為國子司業；開休元由國子助教遷為國子博士，而後遷國子司業等等。但事實上，以上兩條途徑經常會交叉在一起。這一點可以從孔穎達等人在學官任內的經歷看出，孔穎達：太學助教—太學博士—國子博士—國子司業—國子祭酒；趙弘智：四門助教—四門博士—太子宮官—國子司業—國子祭酒；祝欽明：成均直講—成均助教—國子博士—國子司業—國子祭酒；歸崇敬：國子直講—四門助教—四門博士—國子司業—國子祭酒等等。這些學官在任內的官職遷轉均是兩條升遷途徑合而為一的情況，基本可概括為：直講（或有或無）—助教—博士—司業—祭酒這樣一條混合型路線，這也是教學系統與行政系統交叉的綜合遷轉路線。

四、遷出官

　　國子監內祭酒之下的學官大部分遷轉都在國子監系統內進行，這在遷入官和部門內升遷部分有詳細的闡述，此處不擬重複。國子祭酒是國子監的最高長官，官階從三品，考察國子祭酒在離開國子監之後的去向，有利於我們進一步瞭解國子監與其他部門之間的關係。觀察國子祭酒遷出官統計表：

唐代國子祭酒遷出官統計表

相關部門	地方官					國子監	尚書省	
官職	刺史	節度使、觀察使	州司馬、長史、別駕	府尹	少尹	（終、致仕）國子祭酒	六部侍郎	尚書
品級	從三、正四品上下		從六、正六品以上	從三品	從四品下	從三品	正四品上下	正三品
人次	9	5	3	2	1	12	6	4
總計	20/27%					12/16%	10/14%	

相關部門	太常寺			太子宮				中書省	
官職	太常卿	太常博士	太常少卿	太子少詹事	太子賓客	太子詹事	太子少師	右散騎常侍	左金吾衛大將軍
品級	正三品	從七品上	正四品上	正四品上	正三品	正三品	正二品	從三品	正三品
人次	4	1	1	1	3	1	1	5	1
總計	6/8%			6/8%				6/8%	

相關部門	宰相	門下省	御史臺		鴻臚寺	王府官	秘書省	大理寺
官職		左散騎常侍	御史大夫	御史中丞	鴻臚卿	長史	秘書監	大理卿
品級	三品以上	從三品	從三品	正五品上	從三品	從四品上	從三品	從三品
人次	4	2	1	1	1	1	2	1
總計	4/5%	2/3%	2/3%		1/1%	1/1%	2/3%	1/1%

注：李嶠、韋嗣立、祝欽明、褚無量都曾兩次擔任國子祭酒

　　首先，從總體上看，國子祭酒中可確知遷出後所擔任官職的共 69 人，其中李嶠、韋嗣立、祝欽明、褚無量都有兩次擔任祭酒的經歷，他們每個人的遷出官職都有兩個，因此目前可知的從國子祭酒遷出後的職位共 73 個。國子祭酒遷出國子監後，去向主要集中在以下幾個方面：其中，地方官職 20 個，占總數的 27%；尚書省 10 個，占 14%；太常寺、太子宮、中書省各 6 個，各占 8%；宰相 4 個，占 5%；門下省、御使臺、鴻臚寺、王府官、秘書省各 2 個，各占 3%；大理寺 1 個，占 1%。另外，在已知遷出官職的 69 個人中，官位終於祭酒、或以國子祭酒致仕的人就有 12 人，說明在成為從三品的高官之後，職位再往上升已經很不容易，尤其國子祭酒作為較少參預政事的清閒官職，要進入中央政權的決策機構更是不易，通過國子祭酒成為國家權臣的機會並不多。但不能否認，國子祭酒中仍然有不少政治才能突出的人，能夠借助各種途徑進入政權中樞。祭酒升遷之後，大多進入其上級部門，如尚書、中書、門下三省（包括宰相，因為這些宰相都屬於同中書門下平章事，或某

部尚書知政事，屬於三省官員的一部分），已知遷入官表中祭酒遷入三省共 23 次，佔了總數的 32%，尤其與國子監業務往來頻繁、主管教育政令與科舉事務的尚書省，國子祭酒卸任之後進入尚書省任官共計 10 次，其中尤以與國子監教育直接對口的禮部為重，成為國子祭酒轉任的一個重要部門，六部中僅禮部就佔了 5 次。六部侍郎雖然品級低於國子祭酒，但六部是政權中樞機構的具體政令制定機構，侍郎政務繁忙，屬於政務緊要部門，因此雖然品階略低於國子祭酒，但比起國子祭酒所在的閒職，更易進入決策機構，仕途也更為光明，因此，由國子祭酒改任六部侍郎的情況也不少，計有 6 次。開元年間科舉改革後禮部侍郎成為科舉考試的主管，也成為直接主管國子監貢舉人才的官員，是祭酒改任的另一個重要官職，計有 4 次。此外，太常寺是禮儀主管部門，奉行儒家禮儀，而學官多是博學碩儒、儒家文化的傳承者，熟知禮儀，因此太常寺與國子監關係非常密切，每當遇到重大禮儀活動，國子監的學官經常參與太常寺的禮儀討論與制定工作，因此祭酒卸任後進入太常寺的次數也比較多，計有 6 次，占到總排名的第四位，其長官太常卿位居正三品，比國子祭酒高一級，成為祭酒遷任的直接官職，共有 4 次。太子宮官作為未來皇帝的輔弼，其職責異常重大，德高望重而博學的祭酒必然成為當仁不讓的人選，太子宮中的太子少師、太子賓客、太子詹事等品階高於祭酒，於是它們也成為祭酒離開國子監後升遷的主要職位。其他情況就是遷往秘書省、各寺、御使臺任長官。從以上分析可以總結出，雖然祭酒在出國子監後遵循著國家行政體系的品階升遷規律，但是遷往與文化相關的部門仍然是主流，這與學官自身的任職特點、選任標準有著密不可分的關係。

　　5、加官問題　《唐律疏議》卷二《名例》「諸無官犯罪，有官事發，流罪以下以贖論。」律文的疏議中，有一條中涉及檢校官的問題：

　　　問曰：依令：『內外官敕令攝他司事者，皆為檢校。若比司，即為攝判。』未審此等犯公坐，去官免罪以否？」

　　　答曰：律云「在官犯罪，去官事發；或事發去官：犯公罪流以下各勿論」，但檢校、攝判之處，即是監臨，若有愆違，罪無減降。其有敕符差遣及比司攝判，攝時既同正職，停攝理是去官，公坐流罪亦從免法。〔註92〕

〔註92〕《唐律疏議》卷二《名例》，第 174～175 頁。

第一句中對於檢校的解釋為「內外官敕令攝他司事者，皆為檢校」，第二段即指明檢校與攝判的性質均為監臨。張國剛先生與張茂同先生等都明確指出檢校官在唐前期為代理某官之意〔註93〕。

　　學官中出現檢校之職，目前見諸史料最早的是在唐高宗時期，高宗麟德二年（665年），四月「戊辰，左侍極、仍檢校大司成、嘉興縣子陸敦信為檢校右相，其大司成宜停。」〔註94〕此後不久即被真命為大司成。雖然史料中未有明確其任檢校大司成時有在國子監任職的記載，但是從其為唐代名儒陸德明之子，又曾在太宗時有過侍講於弘教殿的經歷，且在檢校大司成之後不久，即被正命為大司成，可以推知其任檢校大司成應該是代理之職。唐中宗即位後，武則天的宗親均被削王爵，其堂侄臨川郡王武嗣宗也被降封為管國公、檢校國子祭酒，此處檢校祭酒純粹是將武氏家族勢力擠出政治權力機構後，安排的一個地位較高、聲望尚可，而且對政局不會產生太大干擾的掌管文教事務的職位。因此《新唐書》稱：「自景龍後，外戚多為檢校官，不治事。〔註95〕」直到唐玄宗時期檢校學官似乎仍具有一定的職能，而並非只是一個空頭名號。如玄宗時期出現的檢校司業薛巘，銀青光祿大夫國子祭酒李齊古在天寶四載九月一日上奏的《石臺孝經》中，列舉了參預撰著的人：

　　　　朝請大夫國子司業韓偵

　　　　振武麟勝等軍州節度觀察處置蕃落兼權充度支河東振武營田

　　　　等使朝請大夫檢校國子司業臣薛巘

　　　　……

　　　　朝散郎守大學博士兼諸王侍讀臣蕭郢客

　　　　朝散郎守四門博士兼諸王侍讀臣任嶷

〔註93〕見張國剛：《隋唐官制》三秦出版社，1987年4月第版，第169頁：「檢校官在唐代有兩種意義。一種指代理某官……這種情況在唐前期較多。另一種則是地方使職帶臺省官銜，稱為檢校官，上自三公、僕射、尚書、下至郎中、員外郎，皆為帶職，他們並不在該部門任事。」陳茂同《歷代官職沿革史》華東師範大學出版社1988年3月第1版，第315頁：「隋代及唐前期即已有檢校官。那時的檢校官是在正式任命以前而暫時代理某職的意思。……自玄宗以後，由於使職、差遣制度的發展，檢校官的含義就有所改變了。當時各種使職，特別是諸道使府立功的將校，大多帶中央臺省的官銜……這些官銜均稱為檢校官。他們並不在該部門任職，只是掛銜表示其地位的尊崇和升遷之經歷而已。」

〔註94〕《舊唐書》卷四《高宗本紀》，第76頁。

〔註95〕《新唐書》卷一百三十七《郭子儀傳》，第4611頁。

> 承奉郎守四門博士臣劉齊會
> 朝議郎行四門助教臣梁德裕
> 承奉郎四門助教臣闞廟直
> 承奉郎四門助教王思禮
> 承務郎守四門助教上柱國劉大均
> 登仕郎守四門助教臣秦龜從

所列舉參與修撰的人全部都是國子監的學官，而檢校國子司業薛巘也參與了國子監所承擔的修撰任務，這個事例說明值此時，檢校學官仍然有一定的職能，檢校具有某種代理性質。從奏摺中可知薛巘除了擔任檢校國子司業之職以外，尚任多種使職，要弄請使職與檢校之間的具體關係，恐怕還要依賴學界進一步的研究。此時的檢校官不同於使職差遣制度盛行之後的檢校官，以唐代宗統治時期為界，在此前後檢校官的區別在於：唐代宗統治之前的檢校官是在所檢校部門實際任職，屬於代理性質；而代宗之後的檢校官大多帶中央官銜，卻不在所檢校部門任職，只是掛銜表示其地位的尊崇和升遷之經歷。從代宗時河東節度軍馬、都兵馬使、兼御史中丞史播開始擔任檢校國子祭酒開始，祭酒階官化的序幕被拉開，檢校國子祭酒被大量的授予地方藩鎮的軍將，這些軍將所任的實際職務多為地方使職，於所在藩鎮供職，許多人甚至累世都在一個藩鎮從軍，不曾進過京都，有的甚至是大字不識幾個的草莽武夫。唐德宗時期有一個檢校國子祭酒李惠登本為平盧軍裨將，「樸素無學術」〔註96〕；宣宗時振武麟勝等軍州節度觀察處置蕃落兼權充度支河東振武營田等使契苾通，其家族自貞觀初五代祖契苾何力歸附開始，世代任軍職，墓誌只列舉契苾通「少習韜鈐，閑練軍志，以氣義自任」〔註97〕，卻不曾記載他在文學上的造詣，他也曾被任命為檢校國子祭酒。從這些軍將的任職經歷分析，他們被授予檢校學官純粹是表示地位的尊崇和升遷之經歷，是一種榮譽性的虛銜。安史之亂後，唐代使職差遣進一步普遍化，由其歸屬問題導致了唐代中樞體制的演變。形成了新的「中書門下體制」。在新的官制體系的衝擊下，許多職事官出現了階官化的趨勢。唐後期藩鎮軍將兼任檢校國子祭酒情況的出現即反映了這種趨勢，國子祭酒逐漸成為對勳臣節帥的加官。唐玄宗

〔註96〕《新唐書》卷一百九十七《李惠登傳》，第5627頁。
〔註97〕《全唐文補遺》第一輯《唐故銀青光祿大夫檢校左散騎常侍兼安北都護御史大夫充振武麟勝等軍州節度觀察處置蕃落兼權充度支河東振武營田等使上柱國北海縣開國侯食邑五百戶契苾府君（通）墓誌銘並序》，第358頁。

以前屬於代理性質的檢校國子祭酒只有高宗時陸敦信、中宗時武嗣宗兩個人；代宗以後至唐朝滅亡一段時期，屬於加官性質的檢校國子祭酒共 71 人，其中僅藩鎮官就有 44 人、占 62%，其他地方官檢校國子祭酒的情況有 11 個，包括藩鎮在內的地方官共計 52 人，占到總數的 73%，這些地方官中州刺史、別駕與長史居多，而且基本都屬於藩鎮所屬的州，說明唐代宗之後藩鎮勢力的壯大。唐代宗以後，凡是加宰相的節度使，「非大忠大勳，則跋扈者，朝廷或不得已而加之」，〔註98〕節度使加宰相除了因為有大的功勳之外，一般都是由於藩鎮勢力強大，朝廷被迫不得不為其加宰相的頭銜。隨著中央政權的削弱，地方勢力的增強，藩鎮官地位提高。君主為了拉攏節度使，給他們加上宰相的虛銜，以示恩寵，謂之使相，「使相者是以侍中、中書令、平章事加節度使之謂也。自唐至宋皆有之……唐則多以同平章事加節度使之立勳勞而久任者，蓋將而寵以相之名也」，「蓋位兼將相，品極文武之稱」。〔註99〕才兼文武是中國古代對於人才標準的最高要求，為節度使加相職，是為了褒寵其兼具文韜武略，有出將入相的才能，身兼將相之責是位極人臣的最好象徵。對於節度使之下的藩鎮軍將，以國子祭酒等文職清望官加之，同樣也具有這種寓意，是朝廷褒寵這些軍將才兼文武的一種形式，他們雖然名為學官，實際卻在地方藩鎮任使職，不能行使學官之權。在檢校官盛行後，國子祭酒的職事作用相對減少，成為文臣武將的遷轉之資。錢大昕說「節度、採訪、觀察、防禦、團練、經略、招討諸使，皆無品秩，故常帶省、臺、寺、監長官銜，以寄官資之崇卑。其僚屬或出朝命，或自辟舉，亦皆差遣無品秩，如使有遷代，則幕僚亦隨而罷，非若刺史、縣令之有定員、有定品也」〔註100〕。由於藩鎮使職無定品、無定員因此多帶省、臺、寺、監長官銜，以寄官資之崇卑。藩鎮軍將帶寺監長官銜是方鎮力量強大、中央權力日益削弱的一種反映。朝廷想以清望官之職拉攏、羈縻強大的藩鎮，結果非但沒有使其感恩，反而使藩鎮勢力更加跋扈，內廷清望官的地位身價變得更輕。

　　教育領域除了品階較高的國子祭酒、國子司業受到使職差遣制影響外，弘文館大學士、崇文館大學士，也逐漸成為宰相的加官。《新唐書·百官志》記載：「宰相事無不統，故不以一職名官，自開元以後，常以領他職，實欲重其事，而反輕宰相之體。故時方用兵，則為節度使；時崇儒學，則為大學士；

〔註98〕《通鑒》卷二百三十八「憲宗元和五年十一月條」，第 7680 頁。

〔註99〕《文獻通考》卷六十四《職官考十八》，第 575 頁。

〔註100〕錢大昕：《廿二史考異》卷五十八《舊唐書·職官志》，第 996 頁。

時急財用,則為鹽鐵轉運使,又其甚則為延資庫使」〔註101〕實際上,唐代宗以後由於時常用兵,而且財政一直是困擾唐代統治者的一個大問題,所以經常出現宰相同時被加為節度使和財政使的情況。儒學在有唐一代始終被統治者尊崇,因此一般情況下宰相都兼有崇文館或者弘文館大學士的職銜,而且經常出現二職同兼的情況。弘文館、崇文館大學士成為宰相加官和祭酒成為檢校官的時間一樣,都是從唐代宗時期開始盛行。唐代宗廣德二年,王縉被拜為「黃門侍郎、同平章事、太微宮使、弘文崇賢館大學士(此處崇賢館應為崇文館之誤,因為自高宗上元二年為避章懷太子之諱,將崇賢館改為崇文館,此後終唐一代不曾再用崇賢館之稱。王縉任此職時為代宗廣德二年,顯然是崇文館大學士。)」〔註102〕。代宗時常袞曾任「門下侍郎、同平章事,太清、太微宮使,崇文、弘文館大學士」〔註103〕。憲宗元和十四年金紫光祿大夫、門下侍郎、同中書門下平章事裴度「兼弘文館大學士、上柱國、晉國公、食邑三千戶」〔註104〕。唐中期以後宰相兼任弘文、崇文館大學士的情況較為普遍。隨著安史之亂後政治體制的變動,兼官制度發生了新的變化,在新的中書門下體制中雖然仍然是集體宰相制度,「但宰相裁決政務,實行宰相輪流秉筆決事的制度,並逐漸向首相制度過渡」〔註105〕。穆宗長慶(821~824年)以後,宰相的身份出現了新的等級標誌,即以館閣職的加銜作為依據,不再以兩省侍郎為宰相分工的依據。正如宋敏求《春明退朝錄》所講:「唐制,宰相四人,首相為太清宮使,次三相皆帶館職,弘文館大學士、監修國史、集賢殿大學士,以此為次序」〔註106〕。可見唐穆宗以後宰相身份帶弘文館大學士職銜成為區分宰相等級的一種標誌。但這種定義並未被嚴格遵守,實際情況是為了表示對宰相的尊崇,往往為其加多種職銜,到了唐末加官制度更為混亂,故而僅僅以加官區分宰相的地位似乎不太現實。如僖宗乾符三年崔彥昭曾經擔任「門下侍郎、刑部尚書、平章事、太清宮使、弘文館大學士、判度支」〔註107〕;僖宗廣明元年鄭從讜也曾兼「兵部尚書、同平章事、充太清

〔註101〕《新唐書》卷四十六《百官志》,第1183頁。
〔註102〕《舊唐書》卷一百十八《王縉傳》,第3416頁。
〔註103〕《舊唐書》卷一百十九《常袞傳》,第3445頁。
〔註104〕《舊唐書》卷十五《憲宗本紀》,第468頁。
〔註105〕劉后濱:《唐代中書門下體制下的三省機構與職權——兼論中古國家權力運作方式的轉變》,《歷史研究》2001年第2期。
〔註106〕《春明退朝錄》卷上,第10頁。
〔註107〕《舊唐書》卷十九《僖宗本紀》,第696頁。

宮使、弘文館大學士、延資庫使」同時兼任太原尹、北都留守，充河東節度、管內觀察處置兼行營招討供軍等使〔註108〕。這種加官混亂的情況自僖宗至唐滅亡這段時間更加普遍。昭宗天復元年上柱國、魏國公崔胤被封為「扶危致理功臣、開府儀同三司、守司空、門下侍郎、平章事、充太清宮使、弘（原為「洪」，當為「弘」）文館大學士、延資庫使、諸道鹽鐵轉運等使、判度支」等官職，此外，昭宗時宰相韋昭度、孔緯、杜讓能、徐彥若等全部都被加太清宮使、弘文館大學士的職銜，可見唐末世道混亂的情況下，官制是極為混亂的。但由以上宰相的經歷看來，無論是被加封為弘文館大學士、還是崇文館大學士，他們都不再有在二館任教的經歷，這兩個職務也成為純粹的加官。

由以上論述可知，在唐代宗以後無論是地方、藩鎮官吏還是宰相被加大學士，均不再有在學館任教的經歷，學官、大學士成為純粹的加官。但並不是所有的學校官職均成為加官的頭銜，只有館監的高級長官大學士和國子祭酒、國子司業等才能成為加官的頭銜。而且因為崇文館、弘文館的地位高於國子監，所以弘文館大學士、崇文館大學士成為宰相等重臣兼職所使用的加職，而國子祭酒、國子司業卻可以被加授藩鎮的中下級軍官和地方吏員，如成德軍衙前左廂步射兵馬使男承嗣、天雄軍節度九軍都知兵馬使張諒、蔡州司馬郭宣、彭州別駕孫叔明等等。地方藩鎮的檢校學官只是遙授卻不到國子監任職，而宰相兼任學官也不到館監行使學官職責。使職差遣制的發展，使宰相兼任使職，原意是為了顯示對使職的重視，但後來卻發展為使職的職權越來越重，而宰相之職權反而越來越輕。

綜述

這部分內容是對以上學官遷轉情況進行的歸納總結。

首先，學官遷轉表格清晰地反映了唐代京官、外官觀念的轉變情況。很明顯，唐代國子祭酒與地方官之間的遷轉，無論是在國子祭酒遷入官表，還是在遷出官表中，其數量、所佔比例都最高。國子祭酒遷入官表中，由地方官遷入任國子祭酒的共計20次，占已知遷入官總數的28%；國子祭酒遷出官表中，由國子祭酒遷出任地方官共計20次，占已知遷出官總數的27%。由於國子祭酒是從三品的官職，屬於高級京官，因此通過對安史之亂前後，地方官遷入為祭酒，和祭酒改任地方官的數量進行對比，可以發現唐代安史之亂

〔註108〕《舊唐書》卷十九《僖宗本紀》，第706頁。

前後人們對於京官、外官觀念的轉變。以唐肅宗時期為斷限，在唐玄宗及以前各朝已知的遷入官共計 28 人次，其中由地方官遷入為國子祭酒的共 7 次，占 25%；肅宗及以後各朝已知遷入官共計 45 人次，其中，由地方官遷入為國子祭酒的共有 12 次（未包括京兆尹李遜），占 26%。玄宗及以前各朝已知遷出官共計 29 人次，其中，由國子祭酒改任地方官 5 次，占 17%；肅宗及以後各朝已知遷出官共 44 人次，其中由國子祭酒改任地方官計有 15 人次，占 34%。

地方官遷任祭酒統計表

時期	遷入官總人次	地方官遷入的人次	比例
唐高祖至玄宗天寶末年	28	7	25%
肅宗至唐末	45	12	27%

祭酒改任地方官統計表

時期	祭酒遷出總人次	地方官遷入的人次	比例
唐高祖至玄宗天寶末年	29	5	17%
肅宗至唐末	44	15	34%

唐高祖至唐玄宗天寶末年，由地方官遷為國子祭酒的比例為 25%，而由國子祭酒改任地方官的比例為 17%，唐前期外官遷京官的比例大大高於京官遷外官的比例。唐肅宗至唐末這一時期，由地方官遷京官的比例為 27%，由京官改外官的比例則為 34%，唐中期以後京官遷外官的比例大大高於外官遷京官的比例。國子祭酒改遷地方官的比例，在玄宗以前與肅宗以後，發生了很大變化，肅宗至唐末比玄宗及以前各朝的比例增長了一倍，達到了 34%，說明在肅宗以後唐代國子祭酒大量改任地方官。形成這種狀況的原因可以歸結為以下幾個方面。一方面由於唐代人在安史之亂前後對於京官外官的觀念發生了很大改變。唐代前期人們都重京官，輕外職，「英賢出入，皆薄其外任，雖雄藩大府，由中朝冗員而授，時以為左遷。〔註109〕」「京師衣冠所聚，身名所出，從容附會，不勤而成，是大利在於內，而不在於外也。智慧之士，欲利之心，安肯復出為刺史、縣令哉？」〔註110〕即使京中冗官都不願意出任刺

〔註109〕《明皇雜錄》卷下，第 33 頁。
〔註110〕《新唐書》卷一百二十六《張九齡傳》，第 4426 頁。

史、縣令。而安史之亂後，中央政權削弱、地方勢力大增，地方節度使「既有其土地，又有其人民，又有甲兵，又有財賦」〔註111〕，唐代肅宗以後出現了京官多懇求外任的觀念。另一方面，安史之亂後唐代京官收入降低，很多官員入不敷出，而地方官則收入頗豐，為求生計，京官也多懇求外任。唐代宗時宰相元載，「以仕進者多樂京師，惡其逼己，乃制俸祿，厚外官而薄京官，京官不能自給，常從外官乞貸。〔註112〕」再加上很多藩鎮截留地方賦稅，不上繳朝廷，而京師的衣食多靠江淮北運「官司運江、淮之儲，計五費其四，乃達京邑，芻薪之貴，又十倍四方」〔註113〕，中央財政拮据，官俸雖有所增加，卻也不敵物價飛漲之勢。至貞元時期出現「州刺史月奉至千緡，方鎮所取無藝，而京官祿寡薄，自方鎮入八座，至謂罷權。〔註114〕」由於京官與外官的優劣在安史之亂前後發生了極大的逆轉，因此造成唐肅宗以後京官多樂於外任的情況。以上兩方面都是造成國子祭酒在肅宗以後外遷地方官比例大增的原因。而且安史之亂以後，唐代使職差遣進一步普遍化，由於使職是三省六部體制之外的差遣性的職掌，有皇帝的特別授權，處理具體事務的時候可以跨越尚書六部「不緣曹司，特奉制敕」〔註115〕，並直接「入奏天闕」〔註116〕，從中央到地方形成了一整套特殊的使職體制，形成唐後期「為使則重，為官則輕」〔註117〕的情況。地方則形成堪與中央政權相抗衡的藩鎮勢力，最為典型者莫過時常叛亂的河朔三鎮，為懲河朔藩鎮以武人為中心割據，易亂難制之弊病，恢復中央集權的統治，統治者往往委派中央文臣前往各藩鎮任節度使、觀察使等官職，國子祭酒中也曾有五人被任命為觀察使、節度使，就是這種政策的直接體現。

同時，我們也觀察到，地方官遷為國子祭酒的數量在玄宗以前及肅宗以後變化不是很大，玄宗以前是 25%，肅宗以後比例是 26%，也就是說地方官遷為國子祭酒的比例在肅宗以後不但沒有降低，反而增長了 1%，那這與前面分析的唐代安史之亂前後京官、外官觀念的轉變是否矛盾呢？答案應該是不矛盾，因為這可以從另一個角度來解釋，隨著唐代科舉制度的發展，唐代入

〔註111〕《廿二史箚記》卷二十《新舊唐書·節度使之禍》，第 430 頁。
〔註112〕《通鑑》卷二百二十五「代宗大曆十二年四月」條，第 7243 頁。
〔註113〕《通典》卷十七《選舉五》，第 420 頁。
〔註114〕《新唐書》卷一百三十九《李泌傳》，第 4635 頁。
〔註115〕《唐律疏議》卷二十五《詐偽》，第 1706 頁。
〔註116〕《舊唐書》卷九十四《李嶠傳》，第 2924 頁。
〔註117〕《唐國史補》卷下，第 53 頁。

仕者越來越多，而官職的數量增長是有限的，唐代出現了大量的及第士人、以及任職期滿的官員待選的情況，這些人在待選期間是沒有俸祿的，因此一旦有官闕，不管俸祿多少，都要強於沒有收入。關於這一點本書在唐代士人觀念的轉變以及國子監大成一段有相關的論證，此處不予贅述，因此龐大的待選隊伍以及停職待選的威脅，是肅宗以後國子祭酒改任地方官的比例未曾降低的原因。

其次，綜合以上敘述，可以大體歸納出學官的遷轉路徑。在國子監內，學官遷轉基本上是遵循助教、博士升遷途徑，先館內、後館間順次升遷，同時存在兩條途徑交錯補充的遷轉方式；出國子監之後有兩種出路：一種是出任地方官，且多任職地方長官；另一種是留任京官，職位大體都在文化部門之間變動。以國子祭酒為例，國子祭酒遷轉的主要部門為尚書省禮部和太常寺，因為這兩個部門都是與國子監業務往來頻繁，交往最多的部門。這一點除了可以從遷入官和遷出官表中得到證實以外，還可以從唐代國子祭酒擔任過的禮部、太常寺的官員及贈官數量上得到體現。在 128 名國子祭酒中，曾經擔任過禮部官員，及其死後被贈與禮部官職的共計 25 人，擔任過太常寺官員或被贈與太常寺官職的有 13 人，其中有 4 人既任過太常寺官職，又有過禮部任職經歷，因此，在兩部擔任過官職的共有 34 人，占總數的 1/4 強。而且大部分是禮部尚書與太常卿的職位。

小結

中國封建社會中央集權的皇帝專制制度，其特點就是以政治為中心，一切工作都是為政治服務，所有的政府行為都是為了維護封建專制統治，教育同樣也從屬於這樣一個社會政治體系，屬於政治的附庸。政府不承認教育的獨立性，更不承認官府教師職業的相對獨立性，而是將其強納入官本位系統，和其他行政官員一樣按照品級升遷，優秀教師自然被擢任高一級的行政官員。這種制度既不利於教師隊伍自身素質的提高，又使很多人醉翁之意不在酒，把教師職業作為升任其他要職的跳板。從唐代開始教育出現了與政治相分離的苗頭，開始出現走向獨立的趨勢，唐代學官多在教育系統與文化系統內遷轉的事實即為明證，但不可否認的是基於歷史的原因教育不可能一蹴而就走向徹底的獨立，而是在保留了大量的舊有傳統的情況下，不斷萌發出獨立性質的嫩芽，事實證明走向獨立的過程是一段漫長而又充滿各種艱難險阻的路程。